LAS PALABRAS MÁGICAS

MASTRÍA EN VENTAS PARA EL EXITO TOTAL

PEDRO MANDINA

Copyright © 2024 Pedro Mandina

Todos los derechos reservados.

Introducción:

Las palabras tienen un poder extraordinario. Pueden abrir puertas, cerrar tratos y construir relaciones que duran toda la vida. En el mundo de las ventas, donde cada conversación cuenta y cada interacción puede marcar la diferencia entre el éxito y el fracaso, el dominio del lenguaje no es solo una habilidad valiosa, sino una necesidad.

Este libro, "Las Palabras Mágicas", no es un simple manual más sobre ventas. Es una guía para aquellos que desean trascender la simple transacción y convertirse en maestros de la persuasión, la influencia y la comunicación efectiva. Aquí, explorarás cómo las palabras correctas, dichas en el momento preciso, pueden transformar tu capacidad para conectar con los clientes, superar objeciones y, en última instancia, cerrar más ventas de manera consistente.

Cada página de este libro te llevará más allá de las técnicas tradicionales de ventas y te introducirá en un mundo donde la psicología, la emoción y la estrategia se combinan para crear un enfoque de ventas verdaderamente poderoso. No importa si estás empezando en el mundo de las ventas o si ya eres un profesional experimentado, las lecciones que encontrarás aquí te proporcionarán nuevas perspectivas y herramientas para alcanzar un éxito que ni siquiera imaginabas.

Imagina poder decir las palabras exactas que despiertan el interés, generan confianza y conducen a un "sí" rotundo por parte de tus clientes. Imagina dominar el arte de la persuasión al punto de poder influir en las decisiones de los demás con una confianza inquebrantable. Este es el poder de las palabras, y este libro está diseñado para enseñarte cómo usar ese poder de manera efectiva.

Te invito a que explores estas páginas con una mente abierta y una ambición renovada. Lo que estás a punto de aprender no es solo teoría; es un conjunto de estrategias probadas y prácticas que pueden transformar tu carrera y tu vida. Prepárate para descubrir las palabras mágicas que te llevarán al siguiente nivel en el mundo de las ventas.

Bienvenido al comienzo de tu transformación.

CAPITULOS

1 INTRODUCCIÓN A LAS VENTAS 7

2 LA IMAGEN PERSONAL 15

3 ENTENDIMIENTO DEL CLIENTE 19

4 LA PERSUASION EFECTIVA 24

5 ESTRATEGIAS DE COMUNICACION 29

6 CONSTRUCCION DE RELACIONES 35

7 PROSPECCIÓN Y GENERACION DE LEADS 39

8 MANEJO DE OBJECIONES Y CIERRES 43

9 TENDENCIAS EN VENTAS Y MARKETING 49

10 PSICOLOGÍA DEL PRECIO Y EL VALOR 55

11 ESTRATEGIAS DE PRECIO Y PROMOCIONES 59

12 ACTITUD POSITIVA 65

13 PREPARACION MENTAL PARA EL ÉXITO 69

14 COMO ES VIVIR DE LAS VENTAS 77

15 CONCLUSIONES Y REFLEXIONES FINALES .. 83

Capítulo 1

Introducción a las Ventas: El Arte de Persuadir para el Éxito Integral

En un mundo donde el éxito profesional, personal y empresarial se entrelazan, dominar el arte de las ventas se convierte en una herramienta esencial para alcanzar tus metas. Este capítulo es tu primer paso hacia el dominio de una habilidad que puede transformar no solo tu carrera, sino tu vida en general.

La Venta como Arte y Ciencia: El Primer Paso Hacia el Éxito

Las ventas no son simplemente el acto de intercambiar productos por dinero; son una disciplina que combina el arte de persuadir y la ciencia de entender el comportamiento humano. Comprender este dualismo es fundamental para utilizar las ventas como una herramienta para el éxito integral.

El Arte de la Persuasión

La persuasión es el corazón de las ventas. Se trata de influir en las decisiones y comportamientos de otros mediante una comunicación efectiva y emocional. Este arte implica:

- **Comunicación Efectiva**: Utilizar un lenguaje claro y convincente que resuene con el cliente.
- **Empatía**: Conectar emocionalmente con el cliente, entendiendo sus deseos y preocupaciones.
- **Confianza**: Generar un sentido de seguridad en el cliente para que se sienta cómodo haciendo negocios contigo.

La Ciencia del Comportamiento

La ciencia de las ventas se basa en el estudio del comportamiento humano y cómo las personas toman decisiones. Incluye:

- **Psicología del Consumidor**: Entender cómo y por qué los clientes toman decisiones de compra.
- **Datos y Análisis**: Usar información y métricas para ajustar tus estrategias de venta.
- **Técnicas de Persuasión Basadas en la Evidencia**: Aplicar métodos que han demostrado ser efectivos en estudios y prácticas.

El Impacto de las Ventas en el Éxito Integral

Para alcanzar el éxito total, es crucial entender el impacto de las ventas en diferentes áreas de tu vida. A continuación, exploraremos cómo dominar las ventas puede transformar tu carrera, tus relaciones personales y tu éxito empresarial.

Éxito Profesional

En el ámbito laboral, las habilidades de venta son invaluables. Aquí es donde aprenderás a:

- **Destacar entre la Competencia**: Las habilidades de venta te permiten presentar tu valor de manera convincente en un entorno competitivo.
- **Cerrar Negocios Importantes**: Dominar el proceso de ventas

te ayudará a asegurar acuerdos significativos y alcanzar tus objetivos profesionales.
- **Construir Relaciones de Largo Plazo**: Las ventas no se tratan solo de cerrar una venta, sino de establecer relaciones duraderas que beneficien tanto al vendedor como al cliente.

Éxito Personal

Las habilidades de venta también tienen un impacto profundo en tu vida personal:

- **Construir Relaciones Sólidas**: Las técnicas de persuasión y comunicación te ayudan a mejorar tus relaciones personales y familiares.
- **Influir en Otros**: Saber cómo comunicar tus ideas de manera efectiva puede ayudarte a influir en los demás y alcanzar tus metas personales.
- **Lograr un Equilibrio**: Aplicar principios de ventas en tu vida personal te ayuda a gestionar tus recursos y tiempo de manera más efectiva.

Éxito Empresarial

Para los emprendedores y líderes empresariales, dominar las ventas es crucial para el crecimiento y la sostenibilidad de tu empresa:

- **Atraer y Retener Clientes**: Las técnicas de ventas efectivas te permiten atraer nuevos clientes y mantener relaciones a largo plazo con los existentes.
- **Identificar Oportunidades de Negocio**: Aprenderás a reconocer y aprovechar oportunidades que pueden impulsar el crecimiento de tu empresa.
- **Desarrollar Estrategias de Crecimiento**: Dominar las ventas te permite crear y ejecutar estrategias que fortalezcan tu posición en el mercado.

. Un Viaje a Través de la Historia de las Ventas

Para apreciar la complejidad de las ventas modernas, es útil explorar su evolución a lo largo del tiempo. Este recorrido histórico te dará una perspectiva sobre cómo las técnicas y enfoques han cambiado y se han adaptado a nuevas realidades.

Desde la Persuasión en Mercados Antiguos

En la antigüedad, el comercio se realizaba principalmente en mercados físicos, donde los vendedores utilizaban su habilidad para persuadir directamente a los clientes. La interacción cara a cara era fundamental, y las técnicas de persuasión eran rudimentarias pero efectivas.

Revolución Industrial y la Estructuración de Ventas

La Revolución Industrial marcó un punto de inflexión. La producción en masa y el crecimiento de las empresas crearon la necesidad de técnicas de venta más organizadas. Durante este período, las ventas se profesionalizaron y comenzaron a surgir estrategias sistemáticas para gestionar y cerrar ventas a gran escala.

Marketing y Ventas en el Siglo XX

El siglo XX vio una revolución en el marketing y las ventas, con la introducción de conceptos como la investigación de mercado y la segmentación del cliente. Los enfoques de ventas comenzaron a integrarse con estrategias de marketing más amplias, enfocándose en entender al cliente y personalizar las ofertas.

La Era Digital: Transformación y Oportunidades

En la era digital, el paisaje de ventas ha cambiado radicalmente. Las tecnologías modernas, como el internet y el análisis de datos, han transformado cómo se realizan las ventas. Las herramientas digitales permiten a los vendedores llegar a audiencias globales, gestionar relaciones de manera más eficaz y adaptar sus estrategias en tiempo real.

Desarrollando Habilidades Clave para el Éxito en Ventas

Para tener éxito en ventas, debes desarrollar una serie de habilidades clave que te permitan conectar con los clientes y lograr tus objetivos. Estas habilidades no solo son importantes para las ventas, sino que también son valiosas en muchos otros aspectos de la vida.

Comunicación Eficaz

La habilidad para comunicarte claramente es fundamental. Esto incluye:

- **Lenguaje Claro**: Expresar tus ideas de manera comprensible.
- **Escucha Activa**: Prestar atención a las necesidades y preocupaciones del cliente.
- **Adaptabilidad**: Ajustar tu comunicación en función de la audiencia.

Empatía y Conexión

Desarrollar empatía te permitirá:

- **Entender Mejor a tus Clientes**: Conectar con sus emociones y motivaciones.
- **Construir Relaciones Sólidas**: Establecer una relación de confianza y respeto mutuo.

Resolución de Problemas y Adaptabilidad

En ventas, enfrentarás desafíos y objeciones. Desarrollar habilidades de resolución de problemas te permitirá:

- **Identificar Soluciones Efectivas**: Encontrar respuestas adecuadas a las necesidades del cliente.

- **Adaptarte a Diferentes Situaciones**: Ajustar tus estrategias según el contexto y las circunstancias.

Persistencia y Resiliencia

El éxito en ventas requiere:

- **Persistencia**: Continuar esforzándote incluso frente al rechazo.
- **Resiliencia**: Recuperarte de las dificultades y aprender de los fracasos.

Persuadir para el Éxito: Técnicas Fundamentales

La persuasión efectiva es clave para el éxito en ventas. Aquí exploraremos algunas técnicas fundamentales:

Construcción de Rapport

Establecer una conexión personal con el cliente es esencial. Aprende a:

- **Crear Confianza**: Usar un enfoque genuino y amigable.
- **Encontrar Terreno Común**: Identificar intereses y valores compartidos.

Presentación de Valor

Más allá de describir características, enfócate en:

- **Beneficios**: Explicar cómo tu producto o servicio resolverá problemas o mejorará la vida del cliente.
- **Valor Añadido**: Resaltar los aspectos únicos que te diferencian de la competencia.

Preguntas Abiertas y Cierre de Ventas

Utiliza preguntas abiertas para:

- **Explorar Necesidades**: Obtener información valiosa sobre las necesidades y deseos del cliente.
- **Guiar la Conversación**: Dirigir la discusión hacia la solución ideal.

Emplea técnicas de cierre para:

- **Concretar la Venta**: Usar métodos como el cierre por asunción (asumir que el cliente está listo para comprar) y el cierre por escasez (crear un sentido de urgencia).

Conclusión: Emprendiendo el Camino Hacia el Éxito Total

Este capítulo ha establecido las bases para tu viaje hacia el dominio de las ventas. A medida que avances en el libro, descubrirás herramientas y estrategias más avanzadas que te permitirán llevar tus habilidades de venta al siguiente nivel. Recuerda que el éxito en ventas es una inversión en tu futuro, que te permitirá alcanzar el éxito en todos los aspectos de tu vida. Prepárate para aprender, aplicar y transformar tu enfoque hacia las ventas para lograr un éxito integral y duradero.

Capítulo 2

La Imagen Personal en Ventas: Construyendo la Primera Impresión

La Importancia de la Imagen Personal en Ventas

Primera Impresión y Percepción del Cliente

En el mundo de las ventas, la primera impresión es crucial. La forma en que te presentas puede determinar el éxito de tu interacción con un cliente. La imagen personal no solo afecta cómo te perciben, sino que también establece el tono para toda la relación de ventas. Una presentación profesional y adecuada puede generar confianza, facilitar la comunicación y abrir la puerta a oportunidades de venta.

Confianza y Credibilidad

Una imagen personal cuidada refuerza tu confianza y credibilidad. Los clientes tienden a confiar en vendedores que proyectan una imagen segura y profesional. Esta confianza inicial puede influir en la disposición del cliente para escuchar y considerar tus propuestas, y puede ser determinante en la decisión final de compra.

Elementos Clave de la Imagen Personal

Apariencia y Vestimenta

- **Vestimenta Apropiada:** La elección de la ropa es fundamental. Debes seleccionar prendas que sean apropiadas para el contexto en el que te encuentras, reflejando profesionalismo y adaptándote a las expectativas de la industria. La vestimenta adecuada te ayuda a comunicar seriedad y competencia.
- **Cuidados Personales**: Una buena higiene y un aspecto pulcro son esenciales. Estos detalles no solo afectan tu imagen personal, sino que también transmiten respeto hacia el cliente y hacia ti mismo.

Comunicación No Verbal

- **Lenguaje Corporal**: Tu lenguaje corporal dice mucho sobre ti. Una postura erguida, un contacto visual directo y una expresión facial positiva comunican confianza y apertura. Estos elementos no verbales pueden reforzar tu mensaje y facilitar una conexión más efectiva con el cliente.
- **Actitud y Energía**: Una actitud positiva y enérgica contribuye a una imagen atractiva y profesional. Tu energía en las interacciones puede motivar al cliente y hacer que la experiencia sea más agradable y memorable.

Comunicación Verbal

- **Tono y Claridad:** La forma en que hablas, incluyendo el tono de voz y la claridad del mensaje, es crucial. Un tono adecuado y una comunicación clara refuerzan tu profesionalismo y aseguran que el cliente entienda tu propuesta sin confusión.
- **Lenguaje Apropiado**: Ajusta tu lenguaje al contexto de la conversación. Utiliza un vocabulario que sea adecuado para la situación y evita jergas o términos excesivamente informales que puedan afectar la percepción profesional.

Estrategias para Mejorar la Imagen Personal

Desarrollo Personal y Profesional

- **Capacitación en Etiqueta y Protocolo:** Invertir en cursos de etiqueta y protocolo te ayudará a perfeccionar tu imagen personal y a comportarte de manera adecuada en diferentes contextos de ventas.
- **Autoevaluación y Retroalimentación:** Realiza autoevaluaciones periódicas y busca retroalimentación de colegas o mentores para identificar áreas de mejora en tu imagen personal.

Construcción de una Marca Personal

- **Identidad de Marca Personal:** Desarrolla una identidad de marca personal que refleje tus valores, fortalezas y profesionalismo. Esta identidad debe ser consistente en todas las interacciones con clientes y en tu presencia en línea.
- **Redes Sociales y Presencia Online:** Mantén una presencia profesional en redes sociales y plataformas digitales. La coherencia en tu imagen online refuerza tu marca personal y contribuye a una percepción positiva.

Adaptación a Diferentes Contextos

- **Ajuste de la Imagen para el Cliente y el Entorno:** Adaptar tu imagen personal a diferentes clientes y contextos es esencial. Asegúrate de que tu presentación y comportamiento sean apropiados para cada situación específica, mostrando flexibilidad y comprensión de las normas del entorno.

Impacto de la Imagen Personal en el Éxito de Ventas

Relaciones con los Clientes

Una imagen personal sólida facilita la construcción de relaciones positivas con los clientes. Al proyectar profesionalismo y confianza, puedes establecer una conexión más fuerte y crear una experiencia de cliente más satisfactoria.

Desempeño en Ventas

Una imagen personal adecuada tiene un impacto directo en tu desempeño en ventas. La capacidad de causar una buena impresión y transmitir confianza puede aumentar tus posibilidades de cerrar ventas y alcanzar tus objetivos.

Reputación y Referencias

Una imagen personal cuidada también influye en tu reputación y puede generar referencias positivas. La impresión que dejas en tus clientes puede resultar en recomendaciones y testimonios valiosos que ayudan a crecer tu negocio.

Conclusiones

La imagen personal es un componente esencial del éxito en ventas. Desde la primera impresión hasta la comunicación continua, cada aspecto de tu presentación personal contribuye a cómo los clientes te perciben y a la efectividad de tus esfuerzos de venta.

Invertir en el desarrollo de tu imagen personal desde el principio te prepara para interacciones exitosas y un desempeño destacado en ventas. Mantén un enfoque constante en mejorar tu presentación y comunicación para maximizar tu impacto en el mundo de las ventas.

Capitulo 3

Entendimiento del Cliente: Psicología y Comportamiento

Para tener éxito en ventas, es esencial comprender no solo el producto o servicio que ofreces, sino también a las personas a quienes se lo ofreces. Este capítulo explora los fundamentos de la psicología y el comportamiento del cliente para ayudarte a conectar mejor con ellos, adaptar tu enfoque de ventas y, en última instancia, cerrar más ventas.

Fundamentos de la Psicología del Cliente

Entender la psicología del cliente es clave para adaptar tus estrategias de ventas y satisfacer sus necesidades. A continuación se presentan los conceptos básicos que debes conocer:

. Motivaciones del Cliente

Las motivaciones son las fuerzas que impulsan las decisiones de compra del cliente:

- **Motivaciones Primarias**: Estas incluyen necesidades básicas como la seguridad, el confort y la pertenencia. Por ejemplo, una persona puede comprar una casa nueva por la necesidad de seguridad y estabilidad.
- **Motivaciones Secundarias**: Estas incluyen deseos y aspiraciones personales como el estatus, la autoimagen y el

reconocimiento. Un cliente puede elegir un producto de lujo para mejorar su estatus social.

Proceso de Decisión del Cliente

El proceso de toma de decisiones del cliente consta de varias etapas:

- **Reconocimiento del Problema**: El cliente identifica una necesidad o problema que debe resolverse.
- **Búsqueda de Información:** El cliente investiga opciones disponibles y recopila información relevante.
- **Evaluación de Alternativas**: El cliente compara diferentes productos o servicios para encontrar la mejor opción.
- **Decisión de Compra**: El cliente toma la decisión final y realiza la compra.
- **Evaluación Post-Compra**: El cliente evalúa su satisfacción con la compra y el producto o servicio adquirido.

Comportamiento del Cliente: Factores que Influyen en las Decisiones

Los comportamientos y elecciones del cliente están influenciados por diversos factores que debes considerar:

Factores Personales

Cada cliente tiene características personales que afectan sus decisiones:

- **Edad y Etapa de Vida**: Las necesidades y preferencias cambian con la edad y la etapa de vida. Por ejemplo, los jóvenes adultos pueden estar interesados en tecnología, mientras que los mayores pueden valorar la comodidad y la durabilidad.
- **Estilo de Vida**: El estilo de vida de un cliente influye en sus decisiones de compra. Alguien con un estilo de vida activo puede preferir productos deportivos o de exterior.

Factores Sociales

El entorno social del cliente también impacta sus decisiones:

- **Familia**: Las decisiones de compra a menudo son influenciadas por la familia. Por ejemplo, las decisiones de compra de una familia pueden estar orientadas a productos que beneficien a todos los miembros.
- **Grupos de Referencia**: Los grupos de referencia, como amigos, colegas y comunidades, pueden influir en las decisiones del cliente a través de recomendaciones y opiniones.

Factores Culturales

La cultura en la que un cliente vive afecta sus comportamientos y preferencias:

- **Normas y Valores Culturales**: Las normas y valores culturales influyen en las preferencias de compra y las actitudes hacia ciertos productos.
- **Tradiciones y Costumbres**: Las tradiciones y costumbres culturales pueden determinar la aceptación y demanda de ciertos productos en diferentes regiones.

Segmentación del Cliente: Conociendo a Tu Audiencia

Segmentar a tus clientes te permite personalizar tus estrategias de ventas y adaptarlas a las necesidades específicas de cada grupo:

Segmentación Demográfica

La segmentación demográfica divide a los clientes en grupos basados en características como:

- Edad
- Género
- Ingresos
- Estado Civil

Esta información te ayuda a adaptar tus mensajes y ofertas a las características específicas de cada grupo.

Segmentación Psicográfica

La segmentación psicográfica se basa en:

- **Estilos de Vida**: Identifica los intereses y actividades que forman parte del estilo de vida del cliente.
- **Personalidad y Valores:** Considera los rasgos de personalidad y los valores que pueden influir en las decisiones de compra.

Segmentación Conductual

La segmentación conductual clasifica a los clientes según:

- **Comportamiento de Compra:** Analiza cómo compran y usan los productos.
- **Lealtad y Uso del Producto:** Evalúa la lealtad del cliente y el grado en que utilizan el producto o servicio.

Técnicas para Comprender Mejor al Cliente

Aplicar técnicas específicas puede ayudarte a obtener una comprensión más profunda de tus clientes:

Investigación de Mercado

Realiza investigaciones para obtener información valiosa sobre tu mercado objetivo:

- **Encuestas y Cuestionarios:** Utiliza encuestas para recopilar datos sobre las preferencias y necesidades de los clientes.
- **Entrevistas y Grupos Focales:** Conduce entrevistas y grupos focales para obtener información cualitativa sobre el comportamiento del cliente.

Análisis de Datos

El análisis de datos te proporciona información detallada sobre los clientes:

- **Datos de Ventas:** Analiza los datos de ventas para identificar patrones y tendencias en el comportamiento de compra.
- **Datos de Interacción:** Examina los datos de interacción en línea para comprender mejor las preferencias y comportamientos de los clientes.

Observación Directa

Observa el comportamiento del cliente en situaciones reales:

- **Observación en el Punto de Venta:** Observa cómo los clientes interactúan con los productos en el punto de venta.
- **Análisis de Comportamiento en Línea:** Examina cómo los clientes navegan y compran en tu sitio web.

Conclusión: Conectando con el Cliente para el Éxito en Ventas

Comprender la psicología y el comportamiento del cliente es esencial para adaptar tus estrategias de ventas y conectar de manera más efectiva. Al conocer las motivaciones, influencias y comportamientos de tus clientes, podrás personalizar tu enfoque de ventas, mejorar la satisfacción del cliente y cerrar más ventas. Utiliza los conocimientos adquiridos en este capítulo para fortalecer tu habilidad para comprender y conectar con tus clientes, asegurando así tu éxito en ventas.

Capítulo 4

La Persuasión Efectiva: Técnicas para Influenciar y Convencer al Cliente

La persuasión es el arte de convencer a los demás para que adopten una idea, cambien su comportamiento o realicen una acción específica. En ventas, la persuasión efectiva es fundamental para influir en la decisión del cliente y cerrar ventas. Este capítulo explora las técnicas más efectivas de persuasión y cómo aplicarlas en tu proceso de ventas.

Principios de Persuasión

Comprender los principios de persuasión te ayudará a aplicar técnicas efectivas en tus interacciones con los clientes. A continuación, se detallan algunos de los principios más importantes:

Reciprocidad

La reciprocidad se basa en la idea de que las personas se sienten obligadas a devolver un favor. En ventas, puedes aplicar este principio al ofrecer algo de valor al cliente, como una muestra gratuita, un consejo útil o un descuento exclusivo. Esta acción puede hacer que el cliente se sienta en deuda y más inclinado a realizar una compra.

Compromiso y Coherencia

Las personas tienden a querer ser coherentes con lo que han dicho o hecho en el pasado. Puedes utilizar este principio solicitando al cliente que se comprometa de alguna manera, incluso si es un compromiso pequeño. Por ejemplo, si pides al cliente que pruebe una demostración gratuita, es más probable que realice una compra si ha dado el primer paso.

Prueba Social

La prueba social es el concepto de que las personas se sienten más cómodas tomando decisiones si ven que otras personas ya lo han hecho. Utiliza testimonios de clientes, estudios de caso y estadísticas para mostrar que otros han tomado la misma decisión con éxito. Esto puede ayudar a construir confianza y credibilidad.

Autoridad

Las personas tienden a confiar en las opiniones de expertos y figuras de autoridad. Para aplicar este principio, demuestra tu experiencia y conocimientos en el campo. Puedes hacerlo a través de certificaciones, estudios de caso o compartiendo tu experiencia personal. La autoridad puede aumentar tu persuasión y la confianza del cliente en tu oferta.

Escasez

La escasez se basa en la idea de que las personas valoran más las cosas que perciben como limitadas. Puedes aplicar este principio al resaltar la disponibilidad limitada de un producto o una oferta especial por tiempo limitado. La sensación de urgencia puede motivar al cliente a tomar una decisión más rápidamente.

Técnicas de Persuasión en Ventas

Aplicar las técnicas de persuasión efectivamente requiere práctica y habilidad. Aquí se presentan algunas técnicas prácticas para influir en el comportamiento del cliente:

El Método AIDA

El modelo AIDA (Atención, Interés, Deseo, Acción) es una técnica clásica de persuasión en ventas. Cada etapa del modelo está diseñada para guiar al cliente a través del proceso de toma de decisiones:

- **Atención:** Captura la atención del cliente con una propuesta atractiva o un punto de venta único.
- **Interés**: Despierta el interés del cliente presentando los beneficios y características del producto de manera relevante.
- **Deseo**: Crea deseo al demostrar cómo el producto satisface las necesidades o resuelve los problemas del cliente.
- **Acción**: Motiva al cliente a tomar una acción específica, como realizar una compra o agendar una reunión.

Técnicas de Cierre Basadas en la Persuasión

Existen varias técnicas de cierre que utilizan principios de persuasión para facilitar la toma de decisiones:

- **Cierre de Alternativa**: Ofrece al cliente dos opciones, ambas de las cuales implican una compra. Por ejemplo, "¿Prefiere el modelo A o el modelo B?" Esto puede simplificar la decisión y aumentar la probabilidad de cierre.

- **Cierre de Urgencia**: Utiliza la escasez para crear un sentido de urgencia. Por ejemplo, "Esta oferta especial solo está disponible hasta el fin de semana." Esto puede motivar al cliente a actuar rápidamente.
- **Cierre de Prueba Social**: Muestra cómo otros clientes han tomado decisiones similares con éxito. Por ejemplo, "Muchos de nuestros clientes han elegido esta opción porque les ha resultado muy beneficiosa."

Manejo de Objeciones con Persuasión

Cuando un cliente presenta una objeción, utiliza técnicas persuasivas para superar las barreras:

- **Escucha Activa**: Escucha atentamente las objeciones del cliente y muestra empatía. Comprender sus preocupaciones te permitirá abordar las objeciones de manera más efectiva.
- **Reformulación Positiva**: Reformula la objeción del cliente de manera positiva. Por ejemplo, si un cliente dice que el precio es alto, puedes reformularlo como "Entiendo que el costo puede parecer elevado, pero considere el valor y los beneficios adicionales que obtendrá con esta inversión."
- **Evidencia y Datos**: Proporciona evidencia y datos que respalden tu respuesta a la objeción. Utiliza estudios de caso, testimonios y estadísticas para demostrar cómo otros clientes han encontrado valor en la oferta.

Aplicación de la Persuasión en Diferentes Escenarios de Venta

La persuasión puede aplicarse en diversos contextos de ventas. Aquí se presentan algunas estrategias para adaptar tus técnicas de persuasión a diferentes situaciones:

Ventas B2B (Business-to-Business)

En ventas B2B, la persuasión se enfoca en construir relaciones sólidas y demostrar el valor a largo plazo:

- **Propuestas de Valor Detalladas**: Presenta propuestas que resalten cómo tu oferta puede resolver problemas específicos del negocio del cliente.
- **Casos de Éxito y Testimonios**: Utiliza estudios de caso y testimonios de clientes similares para demostrar la efectividad de tu solución.

Ventas B2C (Business-to-Consumer)

En ventas B2C, la persuasión se centra en captar la atención y motivar la compra impulsiva:

- **Promociones y Descuentos:** Utiliza ofertas especiales y promociones para atraer a los consumidores y crear un sentido de urgencia.
- **Experiencia del Cliente:** Ofrece una experiencia de compra agradable y personalizada para aumentar la satisfacción y la probabilidad de repetición de compra.

Ventas Online

En ventas online, la persuasión se basa en la presentación y la comunicación digital:

- **Optimización de la Página de Producto:** Asegúrate de que tu página de producto esté optimizada con descripciones claras, imágenes atractivas y testimonios.
- **Automatización del Marketing**: Utiliza herramientas de automatización para enviar mensajes personalizados y relevantes en el momento adecuado.

Conclusión: Dominando el Arte de la Persuasión

La persuasión efectiva es una habilidad fundamental para cualquier vendedor exitoso. Al comprender y aplicar los principios de persuasión y las técnicas prácticas, puedes influir en las decisiones de compra del cliente y cerrar ventas con mayor eficacia. Practica estas técnicas y adáptalas a tus interacciones diarias para lograr un éxito continuo en tus esfuerzos de ventas.

Capítulo 5

Estrategias de Comunicación en Ventas

La comunicación efectiva es una habilidad crucial para el éxito en ventas. No solo se trata de transmitir información sobre un producto o servicio, sino de conectar con el cliente, comprender sus necesidades y construir una relación de confianza. En este capítulo, exploraremos estrategias clave para mejorar tu comunicación en ventas y maximizar tu impacto en el cliente.

Principios de Comunicación Efectiva

Para ser un comunicador efectivo, es importante dominar varios principios básicos:

Claridad y Precisión

Una comunicación clara y precisa evita malentendidos y asegura que el mensaje sea comprendido correctamente. Utiliza un lenguaje simple y directo, evita jergas o términos técnicos que el cliente pueda no entender, y asegúrate de que tus puntos clave estén bien estructurados.

. Escucha Activa

La escucha activa es fundamental para entender las necesidades y preocupaciones del cliente. Practica la escucha activa prestando total atención al cliente, haciendo preguntas para aclarar puntos y mostrando empatía. Esto te ayudará a ajustar tu enfoque y a ofrecer soluciones más relevantes.

Empatía y Conexión Emocional

Mostrar empatía permite conectar emocionalmente con el cliente y construir una relación de confianza. Reconoce y valida los sentimientos del cliente, y adapta tu comunicación para alinearte con sus emociones. La conexión emocional puede hacer que el cliente se sienta comprendido y valorado.

Adaptación al Estilo del Cliente

Cada cliente tiene un estilo de comunicación único. Observa y adapta tu estilo para coincidir con el del cliente, ya sea que prefiera una comunicación más formal o informal, directa o detallada. Ajustar tu enfoque ayuda a que el cliente se sienta más cómodo y receptivo.

. Estrategias de Comunicación en el Proceso de Ventas

Aplicar estrategias específicas en cada etapa del proceso de ventas puede mejorar significativamente tu eficacia comunicativa:

Captura de Atención

El primer contacto con el cliente es crucial para captar su atención y despertar su interés. Utiliza técnicas como:

- **Propuesta de Valor**: Presenta un beneficio claro y atractivo desde el principio. Por ejemplo, "Descubra cómo nuestra solución puede ahorrar hasta un 30% en costos operativos."
- **Historia Atractiva**: Comienza con una historia relevante o un caso de éxito que resuene con el cliente. Las historias pueden hacer que el mensaje sea más memorable y persuasivo.

Generación de Interés

Una vez que has captado la atención del cliente, es importante mantener su interés. Estrategias efectivas incluyen:

- **Preguntas Abiertas**: Haz preguntas abiertas que animen al cliente a hablar sobre sus necesidades y problemas. Por ejemplo, "¿Cuáles son los mayores desafíos que enfrenta en su negocio actualmente?"
- **Beneficios Personalizados**: Enfoca la conversación en cómo tu producto o servicio puede resolver los problemas específicos del cliente. Usa ejemplos y datos relevantes para ilustrar los beneficios.

Manejo de Objeciones

Las objeciones son una parte natural del proceso de ventas. Maneja las objeciones de manera efectiva con las siguientes estrategias:

- **Reflejar y Confirmar**: Refleja la objeción del cliente para mostrar que la entiendes. Por ejemplo, "Entiendo que está preocupado por el costo. Permítame explicar cómo el valor que obtendrá supera esta inversión."
- **Ofrecer Soluciones**: Proporciona soluciones específicas para las objeciones planteadas. Usa pruebas y ejemplos para demostrar cómo tu oferta aborda la preocupación del cliente.

Cierre de la Venta

El cierre es el momento de convertir el interés en una acción concreta. Utiliza estrategias de comunicación para facilitar el cierre:

- **Resumir Beneficios**: Resume los beneficios clave que has discutido a lo largo de la conversación. Esto ayuda a reafirmar el valor y a motivar la decisión final.
- **Llamada a la Acción**: Realiza una llamada a la acción clara y directa. Por ejemplo, "Para aprovechar esta oferta especial, simplemente firme el contrato ahora y comencemos a trabajar en

su solución."

Comunicación No Verbal

La comunicación no verbal juega un papel crucial en la percepción del mensaje y en la relación con el cliente. Presta atención a los siguientes aspectos:

Lenguaje Corporal

El lenguaje corporal puede transmitir confianza y sinceridad o, por el contrario, inseguridad. Mantén una postura abierta, haz contacto visual y usa gestos que refuercen tu mensaje. Evita cruzar los brazos o mirar hacia abajo, ya que esto puede percibirse como desinterés.

Expresiones Faciales

Las expresiones faciales pueden comunicar emociones y reacciones. Asegúrate de que tus expresiones coincidan con el mensaje que estás transmitiendo. Sonríe de manera genuina y muestra interés y entusiasmo por lo que estás hablando.

Tonalidad de la Voz

La tonalidad de tu voz puede afectar la forma en que se recibe el mensaje. Usa un tono de voz amigable y entusiasta, y ajusta tu ritmo y volumen según la conversación. Un tono monótono o demasiado alto puede distraer o incomodar al cliente.

Comunicación en Ventas a Distancia

En las ventas a distancia, como las llamadas telefónicas o videoconferencias, es importante adaptar tu comunicación:

Claridad en la Comunicación Oral

Sin el apoyo de señales no verbales, la claridad en la comunicación oral es aún más crucial. Asegúrate de hablar claramente y de hacer pausas para que el cliente tenga tiempo de procesar la información.

Uso de Herramientas de Comunicación

Utiliza herramientas tecnológicas de manera efectiva. Asegúrate de que la calidad del audio y video sea buena y utiliza presentaciones visuales para complementar tu mensaje. Envía resúmenes o materiales de seguimiento por correo electrónico para reforzar los puntos clave.

Conclusión: Dominando la Comunicación en Ventas

La comunicación efectiva es un componente esencial para el éxito en ventas. Al dominar los principios de comunicación y aplicar estrategias específicas en cada etapa del proceso, puedes mejorar tu capacidad para conectar con los clientes, abordar sus necesidades y cerrar ventas exitosas. Practica estas habilidades y ajusta tu enfoque según las circunstancias para lograr una comunicación óptima y efectiva.

Capítulo 6

Construcción de Relaciones Duraderas con Clientes

La construcción de relaciones duraderas con los clientes es esencial para el éxito a largo plazo en ventas. Más allá de cerrar una venta, es fundamental cultivar una relación que genere confianza y lealtad. En este capítulo, exploraremos cómo establecer y mantener relaciones sólidas con tus clientes para garantizar su satisfacción continua y fomentar su fidelidad.

Importancia de las Relaciones Duraderas

Las relaciones duraderas ofrecen múltiples beneficios, tanto para el vendedor como para el cliente:

- **Lealtad del Cliente**: Los clientes leales tienden a realizar compras repetidas y recomendar tu producto o servicio a otros.
- **Valor del Cliente a Largo Plazo**: Un cliente fiel puede generar ingresos constantes y valiosos a lo largo del tiempo.
- Retroalimentación Constructiva: Las relaciones sólidas fomentan una comunicación abierta, lo que permite obtener valiosa retroalimentación para mejorar tus productos o servicios.

Estrategias para Construir Relaciones Duraderas

Para construir relaciones efectivas con tus clientes, considera implementar las siguientes estrategias:

Conocimiento Profundo del Cliente

Entender a fondo a tus clientes es esencial para personalizar tus interacciones y ofrecerles un valor real:

- **Investigación del Cliente**: Investiga el historial de compras, preferencias y necesidades de cada cliente para ofrecer soluciones

adaptadas a sus expectativas.
- **Perfil del Cliente:** Crea perfiles detallados de clientes para segmentar y personalizar tus ofertas y comunicaciones.

Comunicación Continua y Personalizada

Mantén una comunicación regular y personalizada para fortalecer la relación con el cliente:

- **Actualizaciones Periódicas:** Mantén a tus clientes informados sobre nuevas ofertas, productos o cambios relevantes. Envía boletines informativos o correos electrónicos personalizados.
- **Interacciones Personalizadas**: Usa el nombre del cliente y personaliza tus mensajes basándote en sus intereses y comportamientos. Demuestra que valoras la relación y que estás atento a sus necesidades.

Ofrecer Valor Adicional

Supera las expectativas de tus clientes al ofrecer valor adicional:

- **Atención Postventa**: Proporciona soporte y asistencia después de la venta. Asegúrate de que el cliente esté satisfecho con el producto o servicio y ofrece soluciones para cualquier problema que pueda surgir.
- **Programas de Fidelidad**: Implementa programas de fidelidad o recompensas para premiar a los clientes recurrentes y fomentar la lealtad.

Solicitar y Actuar sobre la Retroalimentación

La retroalimentación de los clientes es una herramienta valiosa para mejorar tus ofertas y servicios:

- **Encuestas y Comentarios**: Solicita la opinión de tus clientes a través de encuestas y comentarios. Utiliza esta información para realizar ajustes y mejoras.

- **Ajuste Basado en Retroalimentación:** Actúa sobre la retroalimentación recibida para abordar áreas de mejora y demostrar que valoras la opinión del cliente.

Resolución de Problemas y Manejo de Conflictos

El manejo eficaz de problemas y conflictos es crucial para mantener una relación positiva con el cliente:

Enfrentar Problemas de Manera Proactiva

Aborda los problemas de manera rápida y eficiente para minimizar el impacto en la relación con el cliente:

- **Respuesta Rápida:** Actúa rápidamente para resolver cualquier problema que surja. La rapidez en la respuesta demuestra tu compromiso con la satisfacción del cliente.
- **Soluciones Efectivas:** Ofrece soluciones prácticas y efectivas para resolver el problema. Asegúrate de que el cliente quede satisfecho con la resolución.

Manejo de Quejas y Objeciones

Gestiona las quejas y objeciones de manera constructiva para mantener la confianza del cliente:

- **Escuchar y Comprender:** Escucha atentamente las quejas y objeciones del cliente. Muestra empatía y comprensión hacia sus preocupaciones.
- **Resolución Colaborativa:** Trabaja junto con el cliente para encontrar una solución que satisfaga sus necesidades y resuelva el problema.

Fomentar la Fidelidad y la Lealtad del Cliente

Fomentar la fidelidad y la lealtad del cliente es clave para asegurar una relación duradera:

Crear Experiencias Memorables

Proporciona experiencias excepcionales que destaquen y creen una impresión duradera en el cliente:

- **Servicio Excepcional:** Ofrece un servicio al cliente que supere las expectativas. Un trato amable, eficiente y personalizado deja una impresión positiva.
- Detalles Especiales: Agrega toques personales, como notas de agradecimiento o pequeños obsequios, para hacer que el cliente se sienta valorado.

Mantener la Confianza y la Transparencia

La confianza es fundamental para la fidelidad del cliente:

- **Transparencia:** Sé transparente en todas tus interacciones. Informa al cliente sobre cualquier cambio o problema de manera honesta y directa.
- **Consistencia:** Mantén un nivel constante de calidad y servicio. La consistencia en la experiencia del cliente fortalece la confianza y la lealtad.

Conclusión: Construyendo Relaciones Sólidas para el Éxito Sostenible

Construir y mantener relaciones duraderas con los clientes es esencial para el éxito sostenible en ventas. Al comprender a tus clientes, mantener una comunicación continua y personalizada, ofrecer valor adicional y manejar problemas de manera efectiva, puedes cultivar relaciones sólidas que generen lealtad y satisfacción. Implementa estas estrategias en tu práctica diaria y observa cómo tus relaciones con los clientes se fortalecen y tu éxito en ventas crece.

Capítulo 7

Estrategias de Prospección y Generación de Leads

La prospección y la generación de leads son fundamentales para el crecimiento y éxito en ventas. Este capítulo explora estrategias efectivas para identificar y atraer clientes potenciales, esenciales para alimentar el embudo de ventas y asegurar un flujo constante de oportunidades.

Entendiendo la Prospección

Definición y Objetivos:

- **Definición:** La prospección es el proceso de identificar y atraer clientes potenciales que podrían estar interesados en tu producto o servicio.
- **Objetivos:** Incrementar la base de clientes, generar oportunidades de venta y alimentar el embudo de ventas.

Tipos de Prospección:

- **Prospección Activa:** Contactar directamente a prospectos a través de llamadas en frío, correos electrónicos o visitas en persona.

- **Prospección Pasiva**: Utilizar estrategias como marketing de contenido, SEO y redes sociales para atraer prospectos de manera indirecta.

Métodos Efectivos de Prospección

Investigación y Segmentación:

- **Investigación**: Investiga tu mercado objetivo para identificar prospectos que se ajusten a tu perfil ideal de cliente.
- **Segmentación**: Divide el mercado en segmentos basados en características como demografía, comportamiento y necesidades para enfocar mejor tus esfuerzos de prospección.

. **Uso de Tecnología y Herramientas:**

- **CRM**: Utiliza un sistema de gestión de relaciones con clientes (CRM) para organizar y hacer seguimiento a tus prospectos.
- **Herramientas de Prospección**: Herramientas como LinkedIn Sales Navigator, ZoomInfo y otras plataformas de generación de leads pueden ayudarte a encontrar prospectos relevantes.

Técnicas de Contacto:

- **Llamadas en Frío**: Desarrolla un guion efectivo y personaliza tus llamadas para aumentar la tasa de éxito.
- **Correos Electrónicos**: Crea mensajes personalizados y relevantes para captar la atención de los prospectos.
- **Redes Sociales**: Utiliza plataformas como LinkedIn, Twitter y Facebook para conectar con prospectos y generar interés.

Generación de Leads: Estrategias y Tácticas

Marketing de Contenido:

- **Creación de Contenido**: Publica artículos, blogs y estudios de caso que aborden problemas y soluciones relevantes para tu audiencia.

- **Llamadas a la Acción (CTA)**: Incluye CTA claras en tu contenido para dirigir a los lectores a formularios de contacto o páginas de destino.

SEO y SEM:

- **Optimización para Motores de Búsqueda (SEO)**: Asegúrate de que tu sitio web esté optimizado para palabras clave relevantes para atraer tráfico orgánico.
- **Marketing en Motores de Búsqueda (SEM)**: Utiliza publicidad pagada como Google Ads para captar leads a través de anuncios dirigidos.

Webinars y Eventos:

- **Webinars**: Organiza seminarios en línea sobre temas de interés para atraer prospectos y generar leads calificados.
- **Eventos en Vivo**: Participa o organiza eventos para conectar directamente con prospectos y recopilar información de contacto.

Programas de Referencia y Recomendación:

- **Programas de Referencia**: Implementa programas que incentiven a tus clientes actuales a referir nuevos prospectos.
- **Testimonios y Reseñas**: Utiliza testimonios de clientes satisfechos para generar confianza y atraer nuevos leads.

Calificación y Priorización de Leads

Calificación de Leads:

- **Criterios de Calificación**: Establece criterios claros para evaluar la calidad de los leads, como el presupuesto, la necesidad y la autoridad para tomar decisiones.
- **Modelo BANT**: Utiliza el modelo BANT (Presupuesto, Autoridad, Necesidad, Tiempo) para calificar leads de manera efectiva.

Priorización de Leads:

- **Puntuación de Leads**: Implementa un sistema de puntuación para priorizar leads en función de su probabilidad de conversión.

- **Segmentación Adicional**: Segmenta los leads en categorías como "caliente," "templado" y "frío" para enfocar mejor tus esfuerzos de seguimiento.

Medición y Mejora de Estrategias de Prospección

Medición de Resultados:

- **Métricas Clave**: Monitorea métricas como la tasa de conversión de leads, el costo por lead y el retorno de inversión (ROI).
- **Análisis de Datos**: Utiliza herramientas de análisis para evaluar la efectividad de tus estrategias de prospección y ajustar tus tácticas según sea necesario.

. Mejora Continua:

- **Retroalimentación:** Recopila y analiza la retroalimentación de tus prospectos para identificar áreas de mejora.
- **Ajuste de Estrategias**: Ajusta tus métodos y tácticas de prospección en función de los datos y la retroalimentación para optimizar tus resultados.

Conclusión:

La prospección y generación de leads son procesos esenciales para mantener un flujo constante de oportunidades de ventas. Implementar estrategias efectivas y utilizar herramientas adecuadas puede ayudarte a identificar y atraer prospectos de alta calidad, asegurando el crecimiento y éxito continuo.

Capítulo 8

Manejo de Objeciones y Cierre de Ventas: Superando obstáculos y sellando acuerdos

Introducción al Manejo de Objeciones

El manejo de objeciones es un arte que todo vendedor debe dominar para lograr el éxito en ventas. A menudo, las objeciones se perciben como barreras, pero en realidad, son una oportunidad para profundizar en la relación con el cliente, aclarar dudas y demostrar la valía de tu producto o servicio. Este subcapítulo explora la importancia de comprender el trasfondo de cada objeción y cómo convertirlas en pasos hacia el cierre de la venta.

Algunos vendedores novatos temen las objeciones, creyendo que son indicativas de rechazo. Sin embargo, las objeciones pueden ser un indicador de que el cliente está interesado, pero necesita más información para sentirse seguro en su decisión. Aquí abordaremos cómo transformar la mentalidad hacia las objeciones y cómo prepararse para manejarlas con confianza.

Tipos Comunes de Objeciones

Las objeciones pueden variar ampliamente, pero suelen agruparse en categorías específicas. Conocer estos tipos comunes te permitirá prepararte mejor y responder de manera más efectiva:

- **Precio:** "Es demasiado caro" o "No puedo permitírmelo ahora." Este tipo de objeción puede deberse a una falta de percepción del valor o a una verdadera restricción presupuestaria.

- **Tiempo:** "No es el momento adecuado" o "Necesito pensarlo más." Las objeciones de tiempo a menudo reflejan una falta de urgencia o una necesidad de mayor seguridad antes de tomar una decisión.

- **Producto:** "No estoy seguro de que esto sea lo que necesito" o "No veo cómo esto me beneficiará." Aquí, el cliente puede estar preocupado por la idoneidad del producto o por su capacidad para cumplir con sus expectativas.

- **Competencia:** "Otro proveedor ofrece algo similar a un precio más bajo." Esta objeción está relacionada con las comparaciones y la necesidad del cliente de justificar su elección sobre otras opciones en el mercado.

- **Confianza:** "No estoy seguro de que funcione para mí" o "No tengo experiencia con este tipo de productos." La objeción basada en la confianza surge cuando el cliente necesita más pruebas o testimonios para sentirse seguro.

Técnicas para Superar Objeciones

Para manejar objeciones de manera efectiva, es crucial aplicar técnicas que no solo aborden las preocupaciones del cliente, sino que también refuercen su confianza en la decisión de compra. A continuación, se detallan algunas de las técnicas más efectivas:

- **Escucha Activa**: Es fundamental dejar que el cliente exprese su objeción completamente antes de intervenir. Escuchar con atención no solo muestra respeto, sino que también te proporciona la información necesaria para abordar la preocupación de manera específica.

- **Agradece y Empatiza**: Agradecer al cliente por compartir su objeción ayuda a crear un ambiente de colaboración. Empatiza con su situación para demostrar que entiendes sus preocupaciones. Una frase como "Entiendo perfectamente por qué eso podría ser una preocupación" puede marcar la diferencia.

- **Reformula la Objeción**: Reformular la objeción en tus propias palabras asegura que has comprendido el problema y permite al cliente corregirte si es necesario. Por ejemplo, si el cliente menciona que el precio es un problema, podrías decir: "Entonces, ¿me está diciendo que está preocupado por el valor que recibirá en comparación con la inversión que está haciendo?"

- **Ofrece Pruebas**: Proporcionar pruebas tangibles, como estudios de caso, testimonios de clientes satisfechos o demostraciones del producto, puede ayudar a disipar las dudas. Los datos y los testimonios refuerzan la credibilidad de tu producto y te posicionan como una autoridad en la materia.

- **Redirige la Objeción**: A veces, es útil redirigir la conversación hacia los beneficios únicos de tu oferta que abordan las preocupaciones del cliente. Si la objeción es el precio, podrías hablar sobre la calidad superior y el retorno de inversión que el cliente puede esperar.

- **Pregunta Dirigida**: Otra técnica es hacer preguntas que lleven al cliente a reconsiderar su objeción. Por ejemplo, "Si pudiéramos demostrarle que este producto le ahorrará más dinero a largo plazo, ¿estarías dispuesto a reconsiderarlo?"

El Arte del Cierre de Ventas

El cierre de ventas es el punto culminante del proceso, y hacerlo correctamente requiere tanto estrategia como sensibilidad. Aquí te presento varias técnicas de cierre que puedes adaptar según la situación:

- **Cierre Directo:** Es la técnica más sencilla y a menudo la más efectiva. Se basa en preguntar directamente al cliente si está listo para proceder con la compra. Por ejemplo, "¿Le gustaría que procesemos su pedido ahora?"

- **Cierre Asumido**: Esta técnica implica actuar como si la decisión ya estuviera tomada. Puedes decir algo como, "Voy a preparar el contrato para que pueda firmarlo," o "¿Le gustaría que lo enviemos a su domicilio o lo recogerá en tienda?"

- **Cierre Alternativo:** Ofrece al cliente dos opciones que ambas conducen a la venta, como "¿Prefiere el modelo en azul o en negro?" Este tipo de cierre es efectivo porque mantiene la decisión enfocada en la compra.

- **Cierre por Escasez:** Aquí, creas un sentido de urgencia al destacar la disponibilidad limitada del producto o un descuento por tiempo limitado. Por ejemplo, "Solo nos quedan dos unidades a este precio, ¿le gustaría asegurarse una hoy?"

- **Cierre de Resumen**: Esta técnica implica resumir los beneficios clave que se discutieron durante la conversación y luego preguntar al cliente si está listo para aprovechar esos beneficios. Por ejemplo, "Como hemos visto, este producto le ofrecerá [beneficios], lo que resolverá sus problemas de [problema específico]. ¿Le gustaría proceder con la compra hoy?"

Manejo de Objeciones Durante el Cierre

Es común que las objeciones surjan o se repitan justo en el

momento del cierre. Aquí es donde tu habilidad para manejar la presión y mantener la calma es crucial. Al enfrentar una objeción durante el cierre, sigue estos pasos:

- **Mantén la Calma**: Es importante no mostrar frustración ni presión. La tranquilidad ayuda a que el cliente se sienta cómodo y considerado.

- **Reafirma el Valor:** Reitera los puntos clave sobre cómo el producto o servicio beneficiará al cliente, reforzando el valor que está obteniendo.

- **Ofrece Soluciones:** Si la objeción está relacionada con un detalle específico, como una característica del producto, ofrece una solución o una alternativa que se ajuste mejor a las necesidades del cliente.

- **Confirma los Acuerdos Previos**: Asegúrate de recordar al cliente todos los puntos en los que ya están de acuerdo. Esto refuerza la idea de que están cerca de tomar la decisión correcta.

Post-Cierre: Asegurando la Satisfacción del Cliente

Una vez que la venta está cerrada, el trabajo no termina ahí. Es crucial garantizar que el cliente esté satisfecho con su compra para fomentar la lealtad y obtener futuras recomendaciones. Este subcapítulo ofrece estrategias para mantener una relación positiva con el cliente después de la venta:

- **Seguimiento Rápido**: Contacta al cliente poco después de la venta para asegurarte de que está satisfecho con su compra y para resolver cualquier problema que pueda haber surgido. Esto demuestra tu compromiso con su satisfacción.

- **Entrega de Valor Adicional:** Proporciona recursos adicionales, como tutoriales, guías de uso, o acceso a un servicio de atención al cliente exclusivo, para maximizar el valor que el cliente recibe.

- **Solicita Retroalimentación:** Pide al cliente que comparta su experiencia. Esto no solo te ayuda a mejorar, sino que también refuerza la relación al mostrar que valoras su opinión.
- **Fomentar la Lealtad:** Ofrece incentivos para compras futuras, como descuentos o programas de fidelidad. Una venta no debe verse como el final, sino como el comienzo de una relación a largo plazo.

Conclusiones:

Sabes como manejar objeciones y cerrar ventas son habilidades críticas para el éxito en ventas. Las objeciones deben ser vistas como oportunidades para fortalecer la relación con el cliente y aclarar sus dudas. Conocer los tipos comunes de objeciones y aplicar técnicas efectivas como la escucha activa y la empatía son esenciales para superarlas. Durante el cierre, utilizar estrategias adecuadas ayuda a concretar la venta, mientras que asegurar la satisfacción del cliente post-venta fortalece la relación a largo plazo. Los ejemplos prácticos ofrecen una guía valiosa para aplicar estas técnicas en situaciones reales.

Capítulo 9

Tendencias Emergentes en Ventas y Marketing

El mundo de las ventas y el marketing está en constante transformación, impulsado por avances tecnológicos y cambios en el comportamiento del consumidor. Este capítulo explora las tendencias emergentes que están moldeando el futuro de estos campos, proporcionando una guía detallada sobre cómo adaptarse a estas innovaciones para maximizar el éxito.

Tecnologías Emergentes

Las tecnologías emergentes están revolucionando cómo las empresas realizan ventas y marketing. Estas son algunas de las más influyentes:

- **Inteligencia Artificial (IA):** La IA está cambiando la forma en que las empresas interactúan con los clientes. Los chatbots y asistentes virtuales, impulsados por IA, ofrecen atención al cliente 24/7, respondiendo preguntas comunes y asistiendo en la generación de leads. La IA también facilita el análisis predictivo, permitiendo a las empresas anticipar las necesidades del cliente y personalizar las ofertas en función de sus comportamientos y preferencias.

- **Aprendizaje Automático (Machine Learning):** El

aprendizaje automático, una subcategoría de la IA, mejora la capacidad de las empresas para analizar grandes volúmenes de datos y predecir tendencias. Los algoritmos de aprendizaje automático pueden identificar patrones en el comportamiento del cliente, ajustar las estrategias de marketing y ofrecer recomendaciones de productos más precisas, optimizando así las campañas y aumentando la tasa de conversión.

- **Automatización del Marketing**: Las herramientas de automatización del marketing permiten a las empresas gestionar y ejecutar campañas de manera más eficiente. Esto incluye la segmentación automatizada de audiencias, la programación de correos electrónicos y publicaciones en redes sociales, y la personalización de mensajes. La automatización mejora la eficiencia operativa y permite una comunicación más oportuna y relevante con los clientes.

Marketing Digital Avanzado

El marketing digital sigue evolucionando con nuevas estrategias que están ganando terreno:

- **Marketing en Redes Sociales:** Las redes sociales se han convertido en un canal clave para conectar con los clientes. Las estrategias efectivas incluyen la publicidad dirigida, el marketing de influencers y la creación de contenido atractivo que resuene con la audiencia. Las plataformas sociales también proporcionan valiosos datos sobre el comportamiento del cliente, permitiendo una segmentación más precisa y campañas más efectivas.

- **Marketing de Contenidos:** La creación de contenido relevante y valioso sigue siendo fundamental para atraer y retener a los clientes. Esto puede incluir blogs informativos, videos educativos, infografías atractivas y estudios de caso. Un buen marketing de contenidos no solo ayuda a construir la autoridad de la marca, sino que también fomenta la lealtad del cliente al proporcionar información útil y resolver problemas.

- **Optimización para Motores de Búsqueda (SEO)**: La optimización de motores de búsqueda sigue siendo crucial para aumentar la visibilidad en línea. Estrategias efectivas de SEO incluyen la investigación de palabras clave, la creación de contenido de calidad y la optimización de la estructura del sitio web. Las técnicas de SEO ayudan a mejorar el ranking en los resultados de búsqueda, atraer tráfico orgánico y generar leads cualificados.

Comportamiento del Consumidor

El comportamiento del consumidor está cambiando, y las empresas deben adaptarse a estas nuevas realidades:

- **Generaciones Digitales**: Los Millennials y la Generación Z son ahora los principales consumidores, y tienen expectativas diferentes a las generaciones anteriores. Prefieren experiencias digitales, valoran la personalización y buscan transacciones rápidas y convenientes.

Las empresas deben adaptar sus estrategias para satisfacer estas expectativas, utilizando tecnologías digitales y ofreciendo una experiencia de usuario optimizada.

- **Experiencias de Compra Omnicanal**: Los consumidores esperan una experiencia de compra consistente a través de múltiples canales. La integración de experiencias en línea y fuera de línea, como tiendas físicas, comercio electrónico y aplicaciones móviles, es esencial para proporcionar una experiencia fluida. La coherencia en el servicio y la disponibilidad de información en todos los canales mejoran la satisfacción del cliente.

Ventas Omnicanal

La estrategia omnicanal se ha convertido en un componente clave para ofrecer una experiencia del cliente integrada:

- **Integración de Canales:** La combinación de canales físicos y digitales permite a los clientes interactuar con la marca de manera que se ajuste a sus preferencias. Esto incluye la sincronización de inventarios entre tiendas físicas y en línea, así como la oferta de opciones de compra y recogida flexibles. La integración de canales proporciona una experiencia de compra más cómoda y personalizada.

- **Datos Centrales del Cliente:** Un sistema centralizado para gestionar la información del cliente permite una visión unificada del mismo, lo que facilita la personalización de las interacciones. La integración de datos de diversos puntos de contacto ayuda a ofrecer un servicio más coherente y a crear estrategias de marketing más efectivas.

Personalización y Experiencia del Cliente

La personalización se ha convertido en una expectativa central para los clientes:

- **Segmentación Avanzada:** Utilizar datos detallados para segmentar audiencias permite crear mensajes y ofertas más relevantes. La segmentación basada en comportamientos de compra, preferencias y datos demográficos mejora la efectividad de las campañas de marketing y aumenta la tasa de conversión.

- **Experiencias Personalizadas:** Ofrecer experiencias a medida, como recomendaciones de productos personalizadas y comunicaciones adaptadas, mejora la satisfacción del cliente. Las tecnologías avanzadas, como la IA, facilitan la creación de experiencias personalizadas, fomentando la lealtad y el compromiso del cliente.

Conclusiones:

Las tendencias emergentes en ventas y marketing están transformando rápidamente el panorama empresarial. La integración de tecnologías avanzadas como la inteligencia artificial y el aprendizaje automático está optimizando la forma en que las empresas gestionan sus ventas y marketing, permitiendo una personalización más precisa y un análisis de datos más profundo. La automatización del marketing está facilitando una comunicación más eficiente y relevante con los clientes.

En el ámbito del marketing digital, estrategias como el marketing en redes sociales, el marketing de contenidos y la optimización para motores de búsqueda están ganando relevancia, ayudando a las empresas a conectar de manera más efectiva con su audiencia y a mejorar su visibilidad en línea. Al mismo tiempo, el comportamiento del consumidor está cambiando, con un enfoque creciente en experiencias digitales, personalización y compras omnicanal.

La estrategia omnicanal es esencial para ofrecer una experiencia de cliente coherente y fluida a través de múltiples canales, mientras que la personalización sigue siendo una prioridad, con los consumidores esperando interacciones adaptadas a sus necesidades y preferencias. Adaptarse a estas tendencias emergentes no solo optimiza el proceso de ventas, sino que también fortalece las relaciones con los clientes y asegura una ventaja competitiva en un entorno en constante evolución.

Capítulo 10

Psicología del Precio y el Valor

El precio de un producto o servicio es uno de los factores más influyentes en la decisión de compra de los consumidores. Sin embargo, no se trata solo de un número; la percepción del precio y el valor es una ciencia compleja que involucra la psicología del consumidor. Este capítulo explora cómo los consumidores perciben el valor y cómo las empresas pueden utilizar esta comprensión para fijar precios más efectivos y maximizar el impacto de sus ofertas.

La Percepción del Valor

La percepción del valor es cómo los consumidores interpretan el valor que reciben en relación con el precio que pagan. Esta percepción puede ser influenciada por una variedad de factores, incluyendo la calidad del producto, la marca, y las características adicionales. La percepción del valor no siempre se basa en la realidad objetiva, sino en cómo se comunica y presenta la oferta.

- **Valor Percibido vs. Valor Real**: Los consumidores a menudo evalúan el valor en función de lo que creen que obtendrán, en lugar del valor real del producto. Por ejemplo, un producto de lujo puede tener un valor percibido más alto debido a su marca, aunque el costo de producción sea relativamente bajo.

- **Efecto Halo**: La percepción de un atributo positivo en un producto (como un diseño elegante) puede influir en la percepción del valor general del producto. Este efecto puede hacer que los consumidores acepten precios más altos si el producto cumple con sus expectativas en otros aspectos.

Estrategias de Precio Psicológico

El precio psicológico utiliza técnicas diseñadas para influir en la percepción del precio por parte del consumidor, haciendo que los precios se perciban como más atractivos o razonables.

- **Precios de Terminación en Nueve**: La técnica más conocida en el precio psicológico es fijar precios en $9.99 en lugar de $10.00. Los estudios muestran que los consumidores perciben $9.99 como significativamente más barato que $10.00, aunque la diferencia sea mínima.

- **Precios Redondeados**: Por el contrario, los precios redondeados (como $100 en lugar de $99.99) se utilizan para productos de lujo, ya que pueden transmitir una imagen de alta calidad y exclusividad.

- **Estrategias de Anclaje**: El precio de anclaje implica presentar un precio alto junto a un precio más bajo para hacer que el segundo precio parezca una mejor oferta. Por ejemplo, un producto con un precio original de $200, ahora con descuento a $150, puede parecer más atractivo que un producto que siempre se vende por $150.

El Valor Añadido y la Justificación del Precio

El valor añadido se refiere a los beneficios adicionales que un producto o servicio ofrece, más allá de sus características básicas. Comunicar claramente estos beneficios puede justificar precios más altos.

- **Beneficios Adicionales**: Incluir características exclusivas, servicios complementarios o garantías extendidas puede aumentar el valor percibido. Por ejemplo, un electrodoméstico que incluye una garantía de dos años y servicio al cliente premium puede justificar un precio más alto.

- **Transparencia en el Precio:** Ser transparente sobre cómo se establece el precio y los factores que influyen en él puede aumentar la confianza del consumidor. Los clientes tienden a valorar más un producto cuando comprenden lo que están pagando.

Efecto de la Escasez y Urgencia

La percepción de escasez y urgencia puede influir en la decisión de compra, al hacer que el consumidor sienta que debe actuar rápidamente para no perder una oportunidad.

- **Escasez Artificial:** La limitación de la disponibilidad de un producto puede aumentar su valor percibido. Por ejemplo, una oferta de "solo 10 unidades disponibles" puede incentivar a los consumidores a comprar de inmediato.

- **Ofertas por Tiempo Limitado:** Crear una sensación de urgencia mediante ofertas por tiempo limitado, como "oferta válida hasta medianoche", puede acelerar la decisión de compra al hacer que los consumidores sientan que están perdiendo una oportunidad.

Psicología del Precio en Diferentes Contextos

La forma en que se perciben los precios puede variar según el contexto en el que se presentan. Adaptar las estrategias de precios a diferentes situaciones puede mejorar su efectividad.

- **Contexto de Compra:** En un entorno de compra de lujo, los precios altos pueden ser percibidos como un signo de calidad. En contraste, en un entorno de descuento o en ventas al por mayor, los precios bajos pueden ser más atractivos.

- **Comparación de Precios:** Los consumidores tienden a comparar precios entre productos similares. Ofrecer comparaciones claras puede ayudar a demostrar que un producto tiene un mejor valor en comparación con sus competidores.

Estrategias para Maximizar la Percepción del Valor

Implementar estrategias para maximizar la percepción del valor puede mejorar las ventas y la satisfacción del cliente.

- **Comunicación Efectiva:** Comunicar claramente el valor del producto y cómo satisface las necesidades del cliente puede justificar un precio más alto. Utilizar testimonios, estudios de caso y demostraciones puede reforzar la percepción del valor.

- **Segmentación de Precios:** Ofrecer diferentes niveles de precios para diferentes segmentos de clientes puede aumentar la satisfacción y maximizar los ingresos. Por ejemplo, una versión básica del producto para consumidores conscientes del precio y una versión premium para aquellos dispuestos a pagar más por características adicionales.

- **Experiencia del Cliente:** Mejorar la experiencia del cliente, desde la compra hasta el servicio postventa, puede aumentar la percepción del valor. Un excelente servicio al cliente y una experiencia de compra sin problemas pueden justificar un precio más alto y fomentar la lealtad del cliente.

Conclusiones

La psicología del precio y el valor juega un papel crucial en la percepción de los consumidores y en la efectividad de las estrategias de ventas. Comprender cómo los consumidores perciben el valor y el impacto de las diferentes estrategias de precios puede ayudar a las empresas a fijar precios de manera más efectiva y a maximizar la satisfacción del cliente. Adaptar las estrategias de precios a la percepción del consumidor, comunicar claramente el valor añadido y crear una sensación de urgencia son técnicas clave para mejorar las ventas y la lealtad del cliente. Al dominar la psicología del precio y el valor, las empresas pueden optimizar sus ofertas y posicionarse mejor en el mercado competitivo.

Capítulo 11

Estrategias de Precios y Promociones para Maximizar Ventas

En el competitivo mundo de las ventas, la fijación de precios y la implementación de promociones juegan un papel crucial en la atracción de clientes y en la maximización de las ventas. En este capítulo, exploraremos a fondo cómo diseñar estrategias de precios efectivas, aplicar promociones atractivas y entender la psicología detrás de estas tácticas para impulsar tu negocio al siguiente nivel.

Estrategias de Fijación de Precios

Precios de Penetración

Esta estrategia consiste en establecer un precio inicial bajo para atraer a una gran cantidad de clientes y ganar participación de mercado rápidamente. Una vez que se ha logrado una base de clientes sólida, el precio puede incrementarse gradualmente. Los precios de penetración son ideales para productos nuevos que buscan establecerse en un mercado competitivo. Esta táctica también puede generar un rápido reconocimiento de marca y lealtad del cliente.

Precios de Descremado

A diferencia de la penetración, el precio de descremado comienza alto, dirigido a consumidores dispuestos a pagar un precio premium por ser los primeros en adquirir un nuevo producto o servicio. A medida que la demanda de estos consumidores exclusivos disminuye, el precio se reduce para atraer a un público más amplio. Esta estrategia maximiza los ingresos iniciales y cubre los costos de desarrollo y marketing.

Precios Competitivos

Ajustar los precios para alinearse o superar a la competencia puede ser una estrategia efectiva para captar clientes que comparan precios. Requiere un monitoreo constante del mercado para asegurar que los precios sean atractivos en comparación con los competidores. Es crucial encontrar un equilibrio entre competitividad y rentabilidad, evitando entrar en una guerra de precios que pueda erosionar márgenes.

Precios Basados en el Valor

Establecer precios en función del valor percibido por el cliente en lugar de los costos de producción puede aumentar significativamente la rentabilidad. Esto implica comprender profundamente las necesidades y deseos del cliente y ajustar el precio para reflejar el valor que el producto o servicio ofrece. Este enfoque puede justificar precios más altos si el valor percibido es alto.

Técnicas de Promoción Efectivas

Descuentos Temporales

Los descuentos por tiempo limitado crean una sensación de urgencia y pueden impulsar las ventas rápidamente. Esta técnica es efectiva para aumentar las ventas durante períodos específicos, como eventos estacionales o liquidaciones. Es importante comunicar claramente la duración y el alcance del descuento para maximizar su impacto.

Ofertas de Compra Conjunta

Ofrecer productos o servicios adicionales a un precio reducido cuando se compra un artículo principal puede aumentar el valor promedio de la venta. Esta técnica fomenta la compra de productos complementarios y mejora la percepción de valor del cliente. Las ofertas de compra conjunta pueden ser especialmente efectivas en el comercio electrónico y en la venta de productos relacionados.

Programas de Lealtad y Recompensas

Implementar programas de fidelización recompensa a los clientes recurrentes con descuentos, puntos acumulables o beneficios exclusivos. Estos programas no solo fomentan compras repetidas, sino que también aumentan la lealtad del cliente y pueden mejorar la retención a largo plazo. Los programas bien diseñados deben ofrecer recompensas que sean valiosas para los clientes y fáciles de canjear.

Promociones Basadas en el Desempeño

Ofrecer promociones basadas en el comportamiento del cliente, como descuentos por alcanzar ciertos umbrales de gasto o recompensas por referir a nuevos clientes, puede incentivar acciones deseadas. Estas promociones personalizadas ayudan a motivar a los clientes a gastar más y atraer nuevos clientes a través de referencias.

Psicología de la Promoción

Precios de Anclaje en Ofertas

Utilizar precios de anclaje implica presentar una oferta especial junto a un precio original más alto. Esto crea una percepción de valor, haciendo que la oferta parezca más atractiva en comparación con el precio regular. Esta técnica es efectiva para influir en la decisión de compra del cliente y aumentar la tasa de conversión.

Estrategias de Precio de Paquete

Agrupar productos o servicios relacionados y ofrecerlos a un precio combinado puede aumentar el valor percibido y fomentar la compra de más artículos. Las estrategias de precios de paquete son útiles para vender productos complementarios y pueden mejorar la experiencia de compra al ofrecer una solución integral.

Efecto de la Escasez

Crear una sensación de escasez mediante promociones limitadas en cantidad o duración puede generar urgencia y motivar a los clientes a actuar rápidamente. La percepción de que una oferta es exclusiva y temporal puede impulsar las decisiones de compra y aumentar las ventas en el corto plazo.

Estrategias de Precios en Diferentes Contextos

Precios en el Comercio Electrónico

En el entorno en línea, las estrategias de precios deben adaptarse a las características digitales del mercado. Las técnicas como precios dinámicos, que se ajustan en tiempo real según la demanda y la competencia, pueden optimizar las ventas en el comercio electrónico. Además, las herramientas de análisis de datos pueden proporcionar información valiosa para ajustar los precios y promociones.

Precios en el Mercado Internacional

Al establecer precios en mercados internacionales, es esencial considerar las diferencias culturales, económicas y regulatorias. Adaptar las estrategias de precios a las características locales puede mejorar la efectividad de las campañas promocionales y asegurar una penetración exitosa en mercados internacionales.

Precios en Productos de Lujo vs. Masivos

Los productos de lujo y los masivos requieren enfoques de precios distintos. Los productos de lujo pueden justificar precios más altos debido a su exclusividad y calidad, mientras que los productos masivos deben enfocarse en precios competitivos para atraer a grandes volúmenes de clientes. Adaptar las estrategias de precios según el tipo de producto y el mercado objetivo es crucial para maximizar las ventas.

Evaluación y Ajuste de Estrategias de Precios

Análisis de Rentabilidad

Es fundamental monitorear el impacto de las estrategias de precios y promociones en la rentabilidad. Evaluar si las promociones están generando el retorno esperado y ajustar las estrategias según sea necesario puede ayudar a optimizar los resultados y asegurar que los objetivos comerciales se cumplan.

Feedback del Cliente

Recopilar y analizar la retroalimentación del cliente sobre las ofertas y promociones proporciona información valiosa para mejorar las prácticas de precios. La retroalimentación ayuda a entender la percepción del valor y ajustar las estrategias para satisfacer mejor las necesidades del cliente.

Competencia y Tendencias del Mercado

Mantenerse informado sobre las tendencias del mercado y las

estrategias de precios de la competencia es crucial para ajustar las propias estrategias y mantenerse competitivo. El análisis continuo del entorno competitivo puede ayudar a identificar oportunidades y desafíos, permitiendo una adaptación ágil y efectiva.

Conclusiones

Las estrategias de precios y promociones son herramientas poderosas para maximizar ventas y alcanzar objetivos comerciales. Utilizando técnicas efectivas de fijación de precios, aplicando promociones atractivas y entendiendo la psicología del consumidor, las empresas pueden atraer más clientes, mejorar la percepción del valor y aumentar la rentabilidad.

Capítulo 12

La actitud positiva y cómo enfrentar las ventas fallidas y la negatividad

Introducción a la Resiliencia en Ventas

La venta es una carrera llena de desafíos, y no todas las interacciones terminan en éxito. Mantener una actitud positiva frente a respuestas negativas y ventas fallidas es crucial para el éxito a largo plazo. Este capítulo explora cómo enfrentar las dificultades y mantener la motivación alta a pesar de los contratiempos.

La Importancia de la Actitud Positiva

Impacto en el Desempeño

Una actitud positiva no solo mejora tu bienestar mental, sino que también impacta directamente en tu desempeño. La forma en que manejas el rechazo y las ventas fallidas puede influir en tu capacidad para recuperar la motivación y continuar esforzándote.

Influencia en la Percepción del Cliente

Tu actitud se refleja en tus interacciones con los clientes. Una mentalidad positiva ayuda a crear una experiencia de cliente más agradable y puede convertir una situación negativa en una oportunidad para aprender y crecer.

Estrategias para Mantenerse Positivo

Preparación Mental

- **Visualización Positiva**: Practicar la visualización de resultados exitosos puede ayudar a mantener una mentalidad positiva. Imaginar situaciones de éxito prepara tu mente para enfrentar desafíos con mayor confianza.
- **Autoafirmaciones:** Utiliza afirmaciones positivas para reforzar tu confianza y autoestima. Repetir afirmaciones que te recuerden tus habilidades y logros puede ayudarte a mantener una actitud positiva.

Manejo del Rechazo

- **Reinterpretación del Rechazo**: En lugar de ver el rechazo como un fracaso personal, reinterpreta cada rechazo como una oportunidad de aprendizaje. Analiza qué salió mal y cómo puedes mejorar en el futuro.
- **Desarrollo de Resiliencia:** Fortalece tu resiliencia emocional al enfrentar el rechazo. Acepta que las ventas fallidas son parte del proceso y no determinan tu valor como profesional.

Establecimiento de Objetivos Realistas

- **Objetivos Alcanzables**: Establece metas realistas y alcanzables que te permitan medir tu progreso y mantenerte motivado. Divide los grandes objetivos en pasos más pequeños para facilitar el seguimiento y celebración de tus logros.
- **Celebración de Pequeños Éxitos:** Reconoce y celebra incluso los pequeños logros. Estos momentos de éxito pueden ayudarte a mantener una actitud positiva y continuar avanzando.

Cómo Mantener una Actitud Positiva en Situaciones Difíciles

Técnicas de Manejo del Estrés

- **Mindfulness y Meditación**: Practicar mindfulness y meditación puede ayudarte a reducir el estrés y mantener una perspectiva positiva. Estas técnicas fomentan la autoaceptación y el control emocional.

- **Ejercicio y Salud:** Mantén un estilo de vida saludable a través del ejercicio regular y una dieta equilibrada. El bienestar físico contribuye al bienestar mental y puede mejorar tu actitud general.

Red de Apoyo

- **Buscar Apoyo:** Rodéate de una red de apoyo, como colegas, mentores o amigos, que te ofrezcan aliento y consejo durante momentos difíciles. Compartir tus experiencias con otros puede proporcionar perspectiva y motivación.
- **Mentoría y Coaching:** Considera la posibilidad de trabajar con un mentor o coach que pueda ofrecerte orientación y apoyo. Ellos pueden proporcionarte estrategias adicionales para mantener una actitud positiva y superar desafíos.

Preparación para el Futuro: Construyendo Resiliencia a Largo Plazo

Aprendizaje Continuo

- **Educación y Desarrollo:** Invierte en tu desarrollo profesional y personal. Aprender nuevas habilidades y estrategias puede ayudarte a sentirte más seguro y preparado para enfrentar futuros desafíos.

- **Adaptabilidad:** Cultiva la capacidad de adaptarte a cambios y desafíos. La adaptabilidad te permite enfrentar situaciones difíciles con una mentalidad abierta y flexible.

Reflexión y Autoevaluación

- **Reflexión Personal:** Realiza reflexiones periódicas sobre tus experiencias y emociones. Evaluar tus respuestas a los desafíos puede ayudarte a identificar áreas de mejora y fortalecer tu resiliencia.
- **Autoevaluación Constructiva:** Utiliza la autoevaluación

para identificar tus fortalezas y áreas de desarrollo. Enfócate en cómo puedes crecer a partir de tus experiencias, tanto positivas como negativas.

Conclusiones

Resumen de Estrategias para Mantenerse Positivo

Mantener una actitud positiva frente a las ventas fallidas y el rechazo es fundamental para el éxito en ventas. La preparación mental, el manejo del rechazo, y la creación de una red de apoyo son claves para superar las dificultades y mantener la motivación.

Impacto en el Éxito a Largo Plazo

Una mentalidad positiva y resiliente no solo mejora tu bienestar personal, sino que también fortalece tu desempeño en ventas y contribuye a un éxito sostenible a largo plazo. Adoptar estas estrategias te prepara para enfrentar desafíos con confianza y perseverancia.

Capítulo 13

Preparación Mental para el Éxito en Ventas

La importancia de la preparación mental

En el mundo de las ventas, la mentalidad es tan crucial como las habilidades técnicas. Los vendedores enfrentan desafíos constantes, desde el rechazo hasta la presión por cumplir con las metas. Estos desafíos no solo afectan la moral, sino que también pueden influir en el rendimiento a largo plazo si no se manejan correctamente.

La preparación mental consiste en equiparse psicológica y emocionalmente para enfrentar los altibajos del proceso de ventas. Esto implica desarrollar una mentalidad de resiliencia, mantenerse enfocado y aprovechar el poder del pensamiento positivo para superar obstáculos y alcanzar el éxito.

"El 90% del éxito en ventas es mental; el 10% es técnica. Si puedes dominar tu mente, puedes dominar las ventas."

Manejo del Estrés: Herramientas para mantener la calma

El estrés es un compañero constante en la vida de un vendedor. Las presiones para cumplir con las cuotas, la incertidumbre de los clientes y el ritmo acelerado pueden afectar tanto el cuerpo como la mente. Es fundamental aprender a manejar el estrés para mantener la calma y la claridad mental, especialmente en momentos críticos.

Técnicas de respiración

La respiración controlada es una de las herramientas más efectivas para reducir el estrés en tiempo real. Una técnica simple y efectiva es la respiración diafragmática, también conocida como respiración abdominal.

Cómo practicar la respiración diafragmática:

Encuentra un lugar tranquilo: Siéntate en una posición cómoda con la espalda recta.
Inhala profundamente: Coloca una mano en tu abdomen y otra en tu pecho. Inhala lentamente por la nariz, asegurándote de que el abdomen se expanda más que el pecho.
Exhala lentamente: Exhala suavemente por la boca, sintiendo cómo el abdomen se contrae.
Repite: Realiza este ciclo de respiración durante 5-10 minutos antes de una reunión importante o cuando sientas que el estrés está aumentando.

Mindfulness: Mantener la concentración en el presente

El mindfulness, o la atención plena, es la práctica de estar completamente presente en el momento, sin juzgar ni distraerse por pensamientos sobre el pasado o el futuro. Para los vendedores, el mindfulness puede ayudar a mantenerse enfocados durante presentaciones, llamadas o reuniones, permitiéndoles responder de manera más efectiva a las necesidades del cliente.

Ejercicio de Mindfulness para Vendedores:

- **Escaneo Corporal**: Antes de una reunión, tómate unos minutos para hacer un escaneo mental de tu cuerpo. Comienza por los pies y sube lentamente hacia la cabeza, prestando atención a cualquier tensión o incomodidad. Relaja cada área de tu cuerpo mientras respiras profundamente. Esto te ayudará a centrarte y a liberar cualquier tensión acumulada.

Visualización del Éxito: Imagina el mejor resultado

La visualización es una técnica poderosa utilizada por atletas, ejecutivos y, por supuesto, vendedores. Al visualizar el éxito, programas tu mente para esperar y alcanzar resultados positivos. La visualización no es solo imaginar un resultado; es experimentar mentalmente cada detalle del proceso de ventas, desde el primer saludo hasta el cierre exitoso.

Definición y técnicas de visualización

Visualizar es crear una imagen mental clara y detallada de lo que deseas lograr. Para que sea efectiva, la visualización debe ser específica y repetitiva.

Pasos para una visualización efectiva:

Escenario detallado: Imagina el entorno donde tendrá lugar la venta. ¿Es una reunión cara a cara, una videollamada o una presentación en grupo? Visualiza cada detalle, incluyendo la expresión facial de tu cliente, el tono de voz y la atmósfera de la sala.
Acciones específicas: Imagina cómo presentas tu producto o servicio. Visualiza tu lenguaje corporal, las palabras que usas y cómo respondes a las preguntas del cliente.
Resultado positivo: Concluye tu visualización viendo al cliente satisfecho, dándote su aprobación o firmando el contrato. Siente la emoción y el alivio del éxito.

Ejercicios prácticos de visualización

Ejercicio Matutino de Visualización:

1. Dedica 10 minutos cada mañana para visualizar tu día. Imagina cada reunión o llamada importante.

2. Concéntrate en cómo te sentirás cuando todo salga como lo planeaste.

3. Repite este ejercicio diariamente para entrenar tu mente en anticipar el éxito.

Visualización antes de una reunión:

1. Siéntate en un lugar tranquilo 5 minutos antes de la reunión.
2. Cierra los ojos e imagina la reunión desde el principio hasta el final, prestando atención a los detalles y sintiendo el éxito en cada paso.

Afirmaciones Positivas: Reprogramación mental

Las afirmaciones positivas son declaraciones que refuerzan la confianza y promueven una mentalidad positiva. Repetir afirmaciones con regularidad puede ayudar a superar dudas y a construir una actitud mental fuerte, esencial para el éxito en ventas.

Creación de afirmaciones positivas

Las afirmaciones deben ser claras, concisas y enfocadas en el presente. Deben reflejar tu confianza y tus habilidades como vendedor.

Ejemplos de Afirmaciones Positivas:

- "Soy un vendedor exitoso, y cada día me acerco más a mis

metas."
- "Mis clientes valoran lo que ofrezco y confían en mi experiencia."
- "Supero las objeciones con facilidad y cierro ventas con confianza."

Incorporación de afirmaciones en la rutina diaria

Para que las afirmaciones sean efectivas, deben repetirse diariamente hasta que se conviertan en parte de tu subconsciente.

Rutina de Afirmaciones Diarias:
Mañana: Comienza tu día repitiendo tus afirmaciones frente al espejo. Mírate a los ojos y dilo con convicción.
Durante el día: Repite tus afirmaciones en tu mente durante momentos de estrés o antes de reuniones importantes.
Noche: Cierra el día repasando tus afirmaciones y reflexionando sobre los éxitos logrados.

Manejo del Rechazo: Fortalecimiento de la resiliencia

El rechazo es inevitable en ventas, pero no tiene que ser devastador. Desarrollar resiliencia significa aprender a manejar el rechazo de manera que no afecte tu confianza ni tu rendimiento futuro.

Aceptación del rechazo como parte del proceso

Aceptar que el rechazo es una parte natural del proceso de ventas es crucial. En lugar de verlo como un fracaso personal, considera el rechazo como una oportunidad para aprender y mejorar.

Perspectiva sobre el rechazo:

- **Despersonalización**: Entiende que el rechazo no es un reflejo de tu valor como persona o profesional, sino una parte de las negociaciones.

- **Aprendizaje**: Cada rechazo ofrece lecciones. Reflexiona sobre lo que podría haberse hecho de manera diferente y ajusta tu enfoque para la próxima vez.

Técnicas de recuperación después de un rechazo

Recuperarse rápidamente de un rechazo es esencial para mantener la motivación y la efectividad en ventas.

Estrategias para Manejar el Rechazo:

Desahogo inmediato: Permítete unos minutos para procesar tus emociones después de un rechazo. Escríbelo o habla con un colega para desahogarte.
Replanteamiento positivo: Rápidamente replantea el rechazo como una experiencia de aprendizaje. Identifica lo que hiciste bien y lo que podrías mejorar.

Acción inmediata: En lugar de quedarte estancado en el rechazo, pasa rápidamente a la siguiente tarea o cliente. La acción es el antídoto contra la duda y la autocompasión.

Estrategias de Motivación Continua: Mantener el impulso

Mantener la motivación alta, día tras día, es uno de los mayores desafíos en ventas. Sin embargo, con las estrategias adecuadas, puedes mantener un impulso constante que te lleve al éxito.

Establecimiento de objetivos a corto y largo plazo

Los objetivos claros proporcionan un sentido de dirección y propósito. Dividir los objetivos en corto y largo plazo te permite enfocarte en el progreso diario mientras trabajas hacia metas más grandes.

Tipos de objetivos:

- **Corto plazo**: Establece metas diarias o semanales, como el número de llamadas a realizar o presentaciones a clientes.

- **Largo plazo**: Define objetivos mensuales o trimestrales, como alcanzar una cuota específica o cerrar un número determinado de ventas grandes.

Revisión de objetivos:

- **Revisión diaria**: Evalúa cada día si has alcanzado tus objetivos a corto plazo y ajusta tus estrategias según sea necesario.

- **Revisión periódica**: Revisa tus objetivos a largo plazo semanalmente para asegurarte de que estás en camino

Conclusión:

La preparación mental es fundamental para el éxito en ventas. Dominar el estrés, visualizar el éxito, utilizar afirmaciones positivas, manejar el rechazo con resiliencia y mantener la motivación a través de objetivos claros son herramientas poderosas que permiten a los vendedores mantenerse enfocados y superar los desafíos. Al integrar estas prácticas en su rutina diaria, los vendedores no solo mejoran su rendimiento, sino que también desarrollan una mentalidad fuerte y resiliente que los impulsa a alcanzar sus metas con confianza y determinación.

Capítulo 14

Como es vivir de las ventas

La Realidad de una Carrera en Ventas

Vivir de las ventas es una experiencia única, llena de desafíos, recompensas, y una constante evolución personal y profesional. Para muchos, las ventas son una carrera emocionante que ofrece la posibilidad de alcanzar grandes logros financieros y personales. Sin embargo, la realidad de una carrera en ventas a menudo difiere de las expectativas iniciales.

En este capítulo, vamos a explorar las diversas facetas de lo que significa vivir de las ventas. Desde los altos y bajos emocionales hasta el impacto en la vida personal, pasando por la libertad financiera y la presión constante que acompaña a este estilo de vida. Este capítulo no solo será un reflejo de la vida de un vendedor, sino también una guía para quienes deseen hacer de las ventas su vocación a largo plazo.

Los Altos y Bajos: Ciclos de Éxito y Desafío

Una carrera en ventas es, sin lugar a dudas, un viaje lleno de altibajos. Los vendedores experimentan ciclos donde los negocios parecen cerrarse con facilidad, las comisiones fluyen, y el éxito parece garantizado. Estos momentos son electrizantes, llenos de energía y una sensación de logro que pocas profesiones pueden ofrecer. El cierre de una gran venta puede ser comparable a una victoria en un deporte, donde el esfuerzo, la estrategia y la perseverancia se ven recompensados con un triunfo tangible.

Sin embargo, también hay momentos de incertidumbre y desafío. Los ciclos de ventas no siempre son predecibles, y los meses de bajo rendimiento pueden generar ansiedad e inseguridad. Durante estos periodos, es común cuestionarse las propias habilidades y preguntarse si se está en el camino correcto. Las metas parecen inalcanzables, y el éxito, una idea lejana.

Lo más importante en estos momentos de desafío es recordar que los altibajos son una parte natural del proceso de ventas. Un buen vendedor aprende a manejar la incertidumbre, a no dejarse abatir por los periodos de baja, y a usar estos momentos como oportunidades para reflexionar y mejorar sus estrategias. La resiliencia y la capacidad de mantenerse enfocado durante los tiempos difíciles son cualidades esenciales para sobrevivir y prosperar en una carrera de ventas.

El Impacto Personal y Familiar

El impacto de una carrera en ventas va más allá de lo profesional; también se extiende a la vida personal y familiar. El constante enfoque en las metas, la presión para cumplir con los objetivos de ventas y la necesidad de estar siempre disponible para los clientes pueden pasar factura en las relaciones personales.

El tiempo que se dedica al trabajo puede significar menos tiempo para la familia y amigos, lo que puede crear tensiones si no se gestiona adecuadamente. La necesidad de viajar, atender reuniones fuera del horario habitual, y estar disponible para los clientes en todo momento puede dificultar el equilibrio entre el trabajo y la vida personal. Las relaciones pueden verse afectadas si no se encuentra una forma de balancear estos dos aspectos de la vida.

Sin embargo, también es cierto que una carrera en ventas puede ofrecer una flexibilidad que otras profesiones no permiten.

Muchos vendedores experimentan la libertad de organizar su tiempo de manera que les permita atender sus responsabilidades familiares y disfrutar de su vida personal, siempre y cuando logren cumplir con sus objetivos.

Encontrar ese equilibrio es clave para una carrera sostenible en ventas. Establecer límites claros, comunicar las necesidades y expectativas a los seres queridos, y buscar tiempo para el autocuidado son estrategias esenciales. Los vendedores exitosos no solo se destacan en su profesión, sino que también logran mantener relaciones personales saludables y satisfactorias.

Libertad Financiera vs. Presión Constante

Uno de los grandes atractivos de una carrera en ventas es la posibilidad de alcanzar la libertad financiera. Las comisiones y bonos pueden representar ingresos significativos, y para aquellos que sobresalen en la profesión, la recompensa financiera puede ser considerable. La capacidad de aumentar los ingresos en función del esfuerzo y la habilidad personal es una de las mayores motivaciones para quienes eligen esta carrera.

No obstante, con esta libertad financiera viene una presión constante. A diferencia de otros trabajos con un salario fijo, los ingresos de un vendedor pueden fluctuar significativamente de un mes a otro. La necesidad de alcanzar metas constantemente puede generar un nivel de estrés que, si no se maneja adecuadamente, puede llevar al agotamiento.

La clave para manejar esta presión es desarrollar una mentalidad fuerte y resiliente, como se discutió en capítulos anteriores. Aprender a planificar financieramente, estableciendo ahorros y preparándose para los meses de baja actividad, es crucial para mantener la estabilidad. Además, es importante recordar que el éxito en ventas no se mide solo en función del dinero ganado, sino también en la satisfacción personal y profesional que se obtiene al ayudar a los clientes a encontrar soluciones a sus necesidades.

La Satisfacción de Ayudar a Otros

Aunque el aspecto financiero es una parte importante de la carrera en ventas, muchos vendedores encuentran una gran satisfacción en el acto de ayudar a los demás. A diferencia de la percepción común de que las ventas son únicamente un intercambio transaccional, los vendedores que realmente prosperan son aquellos que ven su trabajo como una oportunidad para mejorar la vida de sus clientes.

Cada venta representa una oportunidad para resolver un problema, satisfacer una necesidad o cumplir un deseo. Los vendedores exitosos entienden que su papel va más allá de simplemente vender un producto o servicio; se trata de crear valor para sus clientes. Al establecer relaciones de confianza y ofrecer soluciones genuinas, los vendedores pueden experimentar una profunda satisfacción al saber que han hecho una diferencia positiva en la vida de otra persona.

Esta satisfacción es lo que impulsa a muchos vendedores a seguir adelante, incluso en los momentos difíciles. Saber que tu trabajo tiene un impacto real y significativo en la vida de los demás añade un sentido de propósito que trasciende las comisiones y los logros financieros.

Consejos para Llevar una Carrera Sostenible en Ventas

Para que una carrera en ventas sea sostenible a largo plazo, es esencial que los vendedores desarrollen una serie de prácticas que les permitan mantenerse motivados, enfocados y saludables, tanto mental como físicamente.

- **Autocuidado**: Prioriza tu salud mental y física. Encuentra tiempo para el ejercicio, la meditación, y actividades que te relajen y te ayuden a desconectar del trabajo.

- **Educación Continua**: Mantén tus habilidades actualizadas. El mundo de las ventas está en constante cambio, y los vendedores que invierten en su desarrollo profesional son los que se mantienen en la cima.

- **Red de Apoyo**: Rodéate de una red de apoyo, tanto dentro como fuera del trabajo. Tener colegas con los que puedas compartir experiencias y obtener consejos es invaluable, así como contar con amigos y familiares que te apoyen en los momentos difíciles.

- **Gestión del Tiempo**: Aprende a gestionar tu tiempo de manera efectiva. Establecer prioridades, delegar tareas cuando sea posible, y crear un calendario realista te ayudará a mantener un equilibrio entre tus responsabilidades profesionales y personales.

- **Visión a Largo Plazo**: Ten en mente una visión clara de tu carrera a largo plazo. Define tus objetivos y trabaja de manera constante hacia ellos, sin perder de vista tu bienestar general.

Reflexión Final: El Legado de un Vendedor

Al final de una carrera en ventas, lo que realmente queda es el legado que has construido a lo largo de los años. Este legado no se mide únicamente en términos de dinero ganado o metas alcanzadas, sino en las relaciones que has forjado, el impacto que has tenido en la vida de tus clientes, y el ejemplo que has dado a otros vendedores.

Ser un vendedor es más que una profesión; es una forma de vida que requiere dedicación, pasión y una constante búsqueda de superación personal. A medida que cierras este libro y te preparas para aplicar lo aprendido, recuerda que cada venta es una oportunidad para dejar tu huella, no solo en el mercado, sino en las vidas de quienes confían en ti.

Vivir de las ventas es una elección que conlleva desafíos, pero también ofrece recompensas incomparables. Es un camino que, si se recorre con integridad y compromiso, puede llevarte a una vida plena y significativa, tanto profesional como personalmente.

Conclusión

Vivir de las ventas es un viaje lleno de aprendizajes, desafíos, y recompensas. A través de los altos y bajos, la presión y la satisfacción, los vendedores descubren no solo cómo alcanzar el éxito, sino también cómo construir una vida rica en experiencias y relaciones. Este capítulo ha sido un reflejo de esa realidad, y esperamos que te sirva como guía e inspiración en tu propio camino.

Mientras te embarcas en o continúas tu carrera en ventas, recuerda que el éxito no se mide solo en números, sino en el impacto positivo que generas a lo largo del camino. Mantén siempre la pasión por ayudar a los demás, y deja que esa pasión guíe cada una de tus interacciones y decisiones en el mundo de las ventas.

Capítulo 15

Conclusiones y Reflexiones Finales: El Viaje del Vendedor y la Búsqueda del Éxito

Resumen de Conceptos Clave

Principales Estrategias y Técnicas

Recapitula brevemente las estrategias y técnicas esenciales discutidas en el libro, enfatizando cómo cada una contribuye al éxito en ventas. Destaca los puntos más importantes para recordar y aplicar en la práctica diaria.

Reflexiones sobre el Viaje del Vendedor

El Camino Difícil pero Gratificante

La carrera en ventas es a menudo un camino lleno de desafíos. Cada rechazo, cada venta fallida, y cada obstáculo es una parte integral de este viaje. Como vendedor, experimentas altibajos emocionales que pueden ser abrumadores. Es importante reconocer que estos desafíos son una oportunidad para crecer y aprender.

- **Desafíos y Fracasos**: Los fracasos no definen tu capacidad ni tu valor. Son experiencias que te ofrecen valiosas lecciones. Cada desafío es una oportunidad para fortalecer tu habilidad y resiliencia. Aprende a ver los fracasos como escalones hacia el éxito, no como barreras insuperables.

- **Resiliencia y Persistencia:** Mantenerse motivado y enfocado a pesar de los reveses es fundamental. La resiliencia te permite superar los obstáculos y seguir adelante con determinación. Recuerda que cada no te acerca un paso más al sí que estás esperando.

Los Resultados y Recompensas

El viaje en ventas, aunque desafiante, también está lleno de recompensas. Los momentos de éxito y las victorias personales son el resultado del esfuerzo y la dedicación constantes. Estos logros validan tu esfuerzo y te motivan a seguir adelante.

- **Éxito y Logros:** Cada cliente satisfecho, cada meta alcanzada, y cada contrato cerrado es un testimonio de tu habilidad y perseverancia. Celebra estos logros, grandes o pequeños, y reconoce el impacto positivo que has tenido en la vida de tus clientes.

- **Satisfacción Personal y Profesional:** La satisfacción de ayudar a otros a resolver problemas y alcanzar sus objetivos es una de las mayores recompensas en ventas. Disfruta de los frutos de tu trabajo y deja que esos momentos de éxito alimenten tu pasión por tu carrera.

Inspiración para el Futuro

No Rendirse Jamás

El éxito en ventas requiere tiempo, esfuerzo y una actitud

inquebrantable. Mantén tu visión a largo plazo y recuerda por qué elegiste esta carrera. La perseverancia es clave. A pesar de los desafíos, sigue avanzando con confianza y determinación.

- **Superación Personal**: Usa los desafíos como una forma de crecer y mejorar. Cada obstáculo es una oportunidad para reforzar tus habilidades y prepararte para futuros éxitos.

- **Evolución Continua:** El mundo de las ventas está en constante cambio. Adáptate a nuevas tendencias, sigue aprendiendo y nunca dejes de mejorar. Tu capacidad para evolucionar y adaptarte te llevará lejos en tu carrera.

Reflexión Final

Recuerda que cada vendedor tiene una historia única llena de retos y triunfos. Tu viaje es valioso y significativo. No subestimes el impacto que puedes tener en el mundo a través de tu trabajo. Sigue adelante con la certeza de que cada paso que das, cada esfuerzo que realizas, y cada desafío que enfrentas te acerca a tus metas y a la realización personal y profesional.

Reconocimientos

Quiero agradecer a mi familia por estar en todos los momentos dificiles paralelos al proceso del camino al exito, a mis mentores y compañeros que junto a mi han embarcado en esta aventura hacia el exito:

-Colten Wright
-Merly Rodriguez
-Saul Romero
-Jesús Perez
-Joseph Delgado
-Jose Velasquéz

-Kevin Acosta
-Antonio Neyra
-Isleixys Rodriguez

Apreciación al Lector

Muchas gracias a todos los lectores por su dedicación al aprendizaje y al desarrollo profesional. Se que los conceptos y estrategias discutidos en el libro les serán útiles y los ayudarán a alcanzar sus propios éxitos en ventas.

Un Viaje de Transformación y Éxito

A lo largo de las páginas de este libro, hemos explorado las complejidades y las sutilezas del mundo de las ventas. Desde el arte de persuadir hasta las estrategias avanzadas de manejo de objeciones, hemos cubierto una amplia gama de técnicas y conceptos destinados a ayudarte a alcanzar el éxito en este campo desafiante pero gratificante.

Cuando empecé mi carrera en ventas, me enfrenté a muchos de los mismos desafíos que tú puedes estar experimentando ahora. Hubo momentos de incertidumbre, rechazo y frustración, pero también de grandes triunfos y aprendizajes significativos. La travesía de ventas no es simplemente una serie de tácticas y estrategias; es un viaje de crecimiento personal y profesional.

Uno de los aspectos más importantes que he aprendido es que el éxito en ventas no solo se trata de aplicar técnicas efectivas, sino también de cultivar una mentalidad positiva y resiliente. Cada obstáculo es una oportunidad para aprender, y cada fracaso es un peldaño hacia el éxito. Lo más valioso que puedes llevar contigo de este libro es la comprensión de que el verdadero crecimiento proviene de enfrentar y superar los desafíos con una actitud abierta y perseverante.

Recuerdo un momento en particular en mi carrera cuando una serie de reveses casi me hicieron dudar de mi capacidad. Sin embargo, fue precisamente en esos momentos difíciles cuando descubrí mi verdadero potencial y fortalecí mi determinación. Aprendí a ver los desafíos como oportunidades para mejorar y adaptarme, y esa mentalidad me llevó a alcanzar logros que en su momento parecían inalcanzables.

Hoy, al cerrar este libro, quiero que te lleves contigo no solo las estrategias y técnicas discutidas, sino también la certeza de que el éxito es posible para aquellos que perseveran. No importa cuán difícil parezca el camino, recuerda que cada paso que das, cada esfuerzo que realizas, y cada lección que aprendes te acercan a tus metas.

Espero que los conocimientos y las experiencias compartidas en este libro te sirvan como una guía en tu propio viaje hacia el éxito en ventas. No olvides que la verdadera medida del éxito es la capacidad de seguir avanzando, aprendiendo y creciendo, incluso cuando enfrentas desafíos.

Te animo a seguir adelante con confianza, a aplicar lo que has aprendido y a buscar siempre nuevas formas de mejorar. El camino de las ventas es un viaje continuo de evolución y adaptación, y estoy seguro de que, con la actitud correcta y el enfoque adecuado, alcanzarás tus metas y disfrutarás de un éxito duradero.

Gracias por acompañarme en este viaje. Te deseo lo mejor en tu carrera y en todos tus futuros esfuerzos. Que tu camino esté lleno de éxitos y satisfacciones.

Con aprecio y gratitud,

Pedro Mandina - Luyan MC

Contactos:
correo: pedroluismandina@gmail.com
instagram: luyan_mc / 305.memories

Copyright © 2024 Pedro Mandina

Todos los derechos reservados.

CAPITULOS

1 INTRODUCCIÓN A LAS VENTAS 7

2 LA IMAGEN PERSONAL 15

3 ENTENDIMIENTO DEL CLIENTE...............................19

4 LA PERSUASION EFECTIVA..24

5 ESTRATEGIAS DE COMUNICACION.......................29

6 CONSTRUCCION DE RELACIONES...........................35

7 PROSPECCIÓN Y GENERACION DE LEADS...........39

8 MANEJO DE OBJECIONES Y CIERRES.....................43

9 TENDENCIAS EN VENTAS Y MARKETING..............49

10 PSICOLOGÍA DEL PRECIO Y EL VALOR................55

11 ESTRATEGIAS DE PRECIO Y PROMOCIONES......59

12 ACTITUD POSITIVA 65

13 PREPARACION MENTAL PARA EL ÉXITO............69

14 COMO ES VIVIR DE LAS VENTAS...............77

15 CONCLUSIONES Y REFLEXIONES FINALES..83

Copyright © 2024 Pedro Mandina

Todos los derechos reservados.

www.ingramcontent.com/pod-product-compliance
Lightning Source LLC
Chambersburg PA
CBHW070347230526
45471CB00006B/2459